NIEDERLÄNDISCH leicht & locker

Der Sprachkurs (fast) ohne Grammatik
Mit Audios in der Scan2Learn-App und zum Download

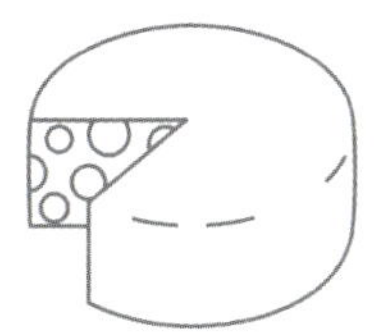

von Rianne Fuchs-Franke

PONS

Niederländisch
leicht & locker

Der Sprachkurs (fast) ohne Grammatik

von Rianne Fuchs-Franke

identisch mit ISBN: 978-3-12-562366-8

3. Auflage 2025

Projektleitung: Angela de Riese
Autorin: Rianne Fuchs-Franke
Redaktion: Annelies de Jonghe, Angela de Riese
Logoentwurf: Erwin Poell, Heidelberg
Logoüberarbeitung: Sabine Redlin, Ludwigsburg
Innenlayout: tebitron gmbh, Gerlingen
Satz: digraf.pl - dtp services
Tonaufnahmen: db media Dupre & Buhr GbR, Raubach
Druck und Bindung: Multiprint Ltd., Kostinbrod

ISBN: 978-3-12-566030-4

Danke für Ihr Vertrauen!

Wir bei PONS sind der Überzeugung: Wer Sprachen spricht, dem steht die Welt offen. Aus diesem Grund entwickeln wir seit über 40 Jahren hochwertige Wörterbücher und Sprachlern-Produkte und entwerfen ständig neue didaktische Konzepte, um für alle Lernenden das Passende anbieten zu können.

Helfen Sie uns mit Ihrem Feedback!

Sind Sie mit diesem Buch zufrieden?

Dann freuen wir uns über Ihre **Weiterempfehlung**. Erzählen Sie es Ihrem Freundeskreis, der Buchhandlung Ihres Vertrauens oder schreiben Sie eine **Online-Rezension** und helfen Sie uns, dieses Buch anderen näher zu bringen.

Sie haben Fragen bzw. Kritik oder Korrekturen an unserem Buch?

Wir freuen uns über Ihre Anregungen. Schreiben Sie uns eine Nachricht auf **www.pons.de/kontakt**.

Ihr Feedback hilft uns, unsere Produkte immer weiter zu verbessern.

Herzlichen Dank für Ihre Unterstützung und viel Spaß & Erfolg beim Sprachenlernen.

Ihre PONS-Redaktion

Welkom!

Sie haben keinerlei Vorkenntnisse in Niederländisch und möchten gerne ohne lästiges Grammatikpauken ein wenig sprechen lernen? Mit *PONS Niederländisch leicht & locker* funktioniert das Sprachenlernen wie ein Baukastensystem: Sie lernen Wörter oder kleine Sprachbausteine und können dann selbstständig damit viele Sätze bilden.

Wie lernen Sie mit dem Sprachkurs?

Der Sprachkurs enthält **15 Lektionen**. Jede Lektion besteht aus einem Dialog, der Satz für Satz, Baustein für Baustein präsentiert und anschließend erklärt wird. Passend zum Thema lernen Sie dann noch weitere Wörter und Wendungen und landestypische Eigenheiten kennen. Alle Wörter und Sätze werden mit einer vereinfachten Umschrift präsentiert, die Ihnen die Aussprache erleichtert, sowie mit der Übersetzung. Zwischendurch können Sie in zahlreichen Übungen das Gelernte anwenden. Die **Lösungen** finden Sie direkt bei den Übungen.

Am Ende jeder Lektion finden Sie den kompletten **Wortschatz der Lektion** in kleine Portionen aufgeteilt. Sie können sich den Wortschatz außerdem auch anhören und so nochmals die Aussprache trainieren und die Wörter lernen. Anschließend finden Sie dann **den kompletten Dialog abgedruckt und vertont**.

Die **Grammatik** wird in diesem Sprachkurs nur am Rande behandelt. Bei den Übungen steht das Bilden von Sätzen mit Hilfe der Bausteine im Vordergrund, ohne dass Sie die Grammatik perfekt beherrschen müssen.

Angaben in der Wortliste
Bei Substantiven ist immer der Artikel (**de** oder **het**) angegeben. Unregelmäßige Pluralformen sind ebenfalls angegeben.

Im **Anhang** finden Sie die Übersicht der im Buch verwendeten Umschrift sowie einen Überlebenswortschatz.

Um die richtige Aussprache zu lernen, können Sie sich alle Wörter und Dialoge auch anhören. Laden Sie sich dazu die **Scan2Learn-App** herunter und wählen Sie Ihr Buch aus. Eine genaue Anleitung finden Sie auf der inneren Umschlagseite. Scannen Sie mit der App eine Buchseite mit Kopfhörer-Symbol. Sie können dann die passenden Audios abspielen.
Alternativ finden Sie unter **www.pons.de/leicht-und-locker-niederlaendisch** die **Audio-Dateien** zu Ihrem Buch **als Download**.

Viel Spaß beim Niederländischlernen!
Ihre PONS-Redaktion

INHALT

1 WELKOM IN NEDERLAND EN VLAANDEREN
WILLKOMMEN IN DEN NIEDERLANDEN UND FLANDERN

Niederländisch ist die Muttersprache von 23 Millionen Niederländern und Flamen und ist mit der deutschen Sprache verwandt. Es ist darum auch nicht schwer, die Bedeutung vieler niederländischer Wörter zu erraten. Manchmal sind sie sogar gleich oder es ist nur ein Buchstabe anders, wie Sie hier sehen können.

Hallo!
Hallo!

Welkom!
Willkommen!

naam
Name

adres
Adresse

camping
Campingplatz

Dag!
Tag!

Sie sind gerade auf dem **camping** [kemping] in den Niederlanden oder in Flandern angekommen. Sie möchten sich beim *Empfang*, also bei der **receptie** [rəssepssii] anmelden. Wenn Sie hereinkommen, wird man Sie natürlich als erstes begrüßen. Oft mit einem Wort, das Sie schon aus dem Deutschen kennen:

Hallo!

[hallo]
Hallo!

Sie können grundsätzlich mit der gleichen Begrüßung antworten oder Sie antworten mit

Dag!

[dach]
Guten Tag!

Man kann zu jeder Tageszeit **dag** sagen, hierbei kann das **a** kurz, aber auch etwas länger gezogen werden [daahaach].
Sicher ist Ihnen schon aufgefallen, dass der Laut **ch** oft vorkommt im Niederländischen. Sprechen Sie diesen Buchstaben immer wie das **ch** im Wort Ku**ch**en aus, also weit hinten im Hals. Je weiter nördlich Sie in den Niederlanden sind, desto härter ist dieser Laut. Richtung Süden wird er immer weicher.

Am Morgen kann man auch **goedemorgen** [chudəmorchə], also *guten Morgen* sagen und am Abend, ab 18 Uhr bis etwa Mitternacht sagt man schließlich **goedenavond** [chudənavənt], was *guten Abend* heißt.

Wenn Sie sich die Aussprache von **goedemorgen** etwas genauer ansehen, fällt Ihnen sicherlich der merkwürdige Buchstabe [ə] auf. Dieses umgedrehte **e** [ə] wird immer dann verwendet, wenn ein Buchstabe im Niederländischen unbetont ausgesprochen wird. Das passiert recht oft in der niederländischen Sprache und meist mit dem **e**, aber auch mit anderen Buchstaben, wie **ij** oder **i**. Die unbetonte Aussprache klingt wie das **e** in b**e**reit und wird mit einem umgedrehten **e** [ə] umschrieben, um sich von dem normalen **e** zu unterscheiden.

Jetzt sind Sie dran.

Welche Begrüßung verwenden Sie an den folgenden Uhrzeiten? Sprechen Sie die richtige Begrüßung laut aus und versuchen Sie mal den etwas kratzigen Laut ch weit hinten im Hals zu bilden, fast so als würden Sie sich räuspern.

1. 15:00 Uhr:

2. 9:45 Uhr:

3. 19:15 Uhr:

4. 12:00 Uhr:

5. 7:03 Uhr:

Lösung
1. hallo/dag [hallo/dach]
2. goedemorgen/hallo/dag [chudəmorchə/hallo/dach]
3. goedenavond/hallo/dag [chudənavənt/hallo/dach]
4. hallo/dag [hallo/dach]
5. goedemorgen/hallo/dag [chudəmorchə/hallo/dach]

Nun haben Sie schon mal einen guten Eindruck hinterlassen, indem Sie auf Niederländisch gegrüßt haben. Meist hört man, dass Sie kein/e Muttersprachler/in sind und wird man Ihnen eine andere Sprache anbieten, oft Englisch, aber auch Deutsch wird von vielen Niederländern und Flamen gesprochen. Es wird allerdings sehr geschätzt, wenn Sie versuchen, ein wenig Niederländisch zu sprechen und Sie nicht davon ausgehen, dass man sich an Sie anpasst. Also machen wir doch gleich weiter! Es ist nämlich wirklich nicht schwer.
Als nächstes wird man Ihnen folgende Frage stellen:

Wat | kan ik | voor u | doen?

[wat kan ik foor üü dun]
Was kann ich für Sie tun?

Wie Sie bei der Aussprache sehen, wird die Buchstabenkombination **oe** im Niederländischen als **u** ausgesprochen. Passen Sie also auf, dass Sie das niederländische **oe** nicht mit dem deutschen **ö** verwechseln, denn dann sind Fettnäpfchen vorprogrammiert.

Sie haben bestimmt schon einen Platz reserviert, also sagen Sie:

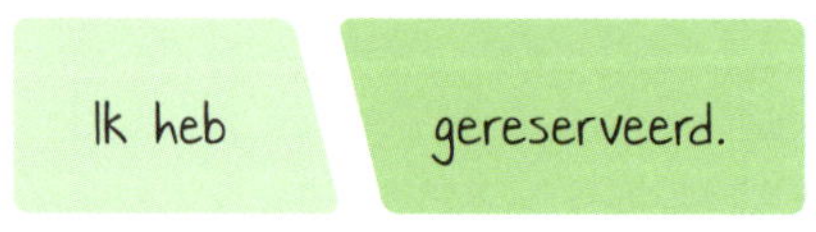

[ik heb chəreesserfeert]
Ich habe reserviert.

Natürlich möchte man jetzt Ihren Namen wissen:

[wat iss üüw naam]
Was ist Ihr Name?

Sehr wahrscheinlich wird man Sie siezen, in diesem Satz an **uw** [üüw] zu erkennen, was auf Deutsch in diesem Fall *Ihr* heißt. Im Niederländisch bleibt **uw**, aber auch **je** [jə], **mijn** [mən], usw. immer gleich und muss nicht angepasst werden.
In den Niederlanden wird aber auch sehr gerne geduzt. Das heißt nicht, dass man Sie nicht respektiert, sondern man möchte damit ausdrücken, dass wir alle gleich sind und dass Sie dazu gehören: **Wat is je naam?** [wat iss jə naam] heißt also *Was ist dein Name?*

Sie antworten dann mit:

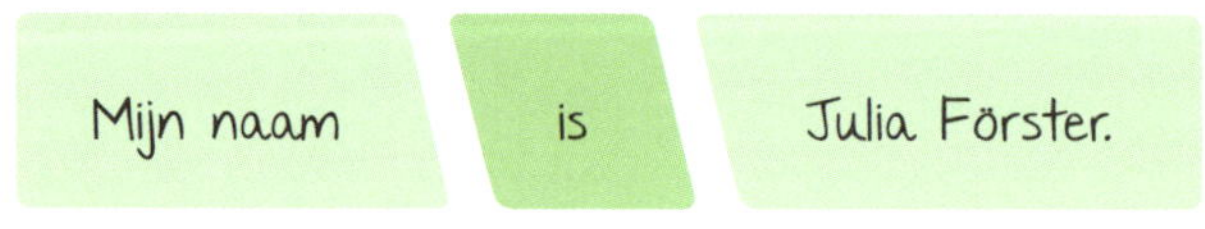

[mən naam iss Julia Förster]
Mein Name ist Julia Förster.

Sie stellen sich normalerweise mit **voornaam** [foornaam] und **achternaam** [achter-naam] vor, also mit *Vor-* und *Nachnamen*.

Die Buchstabenkombination **ij** kommt im Niederländischen recht häufig vor und wird als ein Buchstabe gesehen. In Kreuzworträtseln gibt es beispielsweise nur ein Kästchen für diesen Buchstaben. Das **ij** kann betont und unbetont ausgesprochen werden.

Im Satz **mijn naam is Julia Förster** wird das **ij** unbetont, also wie [ə] ausgesprochen, weil in diesem Satz **naam** betont wird. Die betonte Aussprache klingt wie das deutsche **ä** gefolgt von einem **j**. Versuchen Sie bei der Aussprache des **ij** [äj] zu lächeln. Wenn Sie die Mundwinkel zu einem Lächeln etwas hochziehen, wird automatisch der richtige Laut **ij**, also [äj] entstehen, genauso wie es die Niederländer aussprechen.

Jetzt sind Sie dran.

Stellen Sie sich mal vor den Spiegel und probieren Sie es aus. Ziehen Sie die Mundwinkel zu einem Lächeln hoch und sagen Sie **ij** [äj]. Der Laut ändert sich, weil er jetzt weiter vorn im Mundraum gebildet wird. Üben Sie jedes Mal, wenn Sie an einen Spiegel vorbeikommen. Es wird Spaß machen, denn es lächelt Ihnen dabei stets jemand zu!

Es könnte auch sein, dass man nicht **Wat is uw naam?** fragt, sondern **Hoe heet u?** [hu heet üü] oder **Hoe heet je?** [hu heet jə] *Wie heißen Sie / Wie heißt du?*
Sie antworten dann mit: **Ik heet** [ik heet], *ich heiße* und sagen dann natürlich noch Ihren Namen.

Mit **Wat is uw ...?** [wat iss üüw] können Sie übrigens auch nach der Adresse, Telefonnummer oder E-Mail-Adresse fragen.

Jetzt sind Sie dran.

Üben Sie, sich vorzustellen und Ihrem Gesprächspartner Ihre Adresse zu geben.

1. Wat is uw voornaam?

2. Wat is uw adres?

3. Wat is uw e-mailadres?

4. Wat is uw achternaam?

Lösung
1. Mijn voornaam is (Ihr Vorname)
2. Mijn adres is (Ihre Adresse)
3. Mijn e-mailadres is (Ihre E-Mail-Adresse)
4. Mijn achternaam is (Ihr Nachname)

Eine Adresse in den Niederlanden besteht wie in Deutschland aus einer **straat** [straat], also *Straße* und einer **nummer** [nümər] mit **postcode** [posstkoodə], *Postleitzahl* und *Ort*: **plaats** [plaatss]. Das Postleitzahlsystem in den Niederlanden ist viel engmaschiger als in Deutschland. In Deutschland können mehrere Ortschaften die gleiche Postleitzahl haben, während in den Niederlanden eine einzige Straße oft schon mehrere Postleitzahlen hat. Die niederländische Postleitzahl besteht aus vier Ziffern und zwei Buchstaben. Es reicht deshalb in den Niederlanden schon, wenn man seine Postleitzahl und die Hausnummer nennt. Jedes Paket kommt dann ohne Probleme an der richtigen Adresse an.
In Belgien besteht eine Postleitzahl aus vier Ziffern und ist ähnlich wie in Deutschland großflächiger eingeteilt.

Wenn man Ihre Reservierung gefunden hat und alle Daten ausgefüllt worden sind, werden Sie einen *Stellplatz* oder **staanplaats** [sstaanplaatss] bekommen und schon können Sie Ihr *Zelt*, **tent** [tent] oder Ihren *Wohnwagen*, **caravan** [kerəfen] aufbauen.

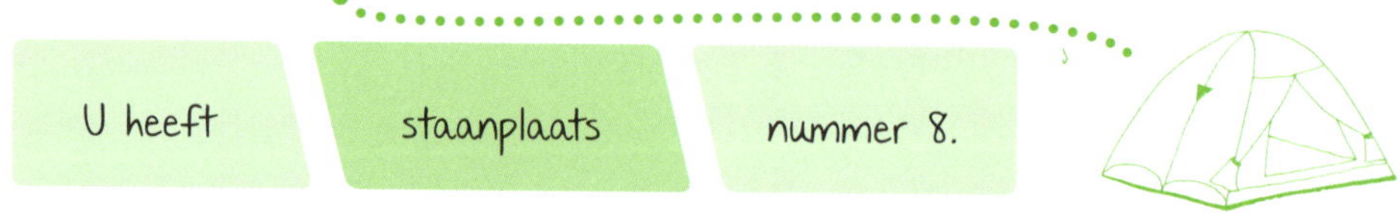

[üü heeft sstaanplaatss nümər acht]
Sie haben Stellplatz Nummer 8.

Nun fehlen Ihnen nur noch die Zahlen. Wir fangen mal an mit den Zahlen von eins bis zehn:

1 **een** [een]	6 **zes** [sess]
2 **twee** [twee]	7 **zeven** [seefə]
3 **drie** [drii]	8 **acht** [acht]
4 **vier** [fiir]	9 **negen** [neechə]
5 **vijf** [fäjf]	10 **tien** [tiin]

Der Buchstabe **z** wird im Niederländischen ausgesprochen wie das Geräusch, das eine Biene macht und deshalb umschrieben mit [s]. Sie hören diesen **s**-Laut auch im deutschen Wort Va**s**e. Das **s** hingegen wird wie in bla**ss** ausgesprochen und deshalb umschrieben mit [ss].

Jetzt sind Sie dran.

Zählen Sie mehrmals von eins bis zehn. Lesen Sie die Zahlen anfangs ab und versuchen Sie es dann auswendig. Wenn das schon sehr gut klappt, dann versuchen Sie rückwärts zu zählen. Und wenn Sie das nächste Mal aus dem Haus gehen, zählen Sie die roten Ampeln oder schwarzen Autos auf Ihrem Weg. So verinnerlichen Sie die Zahlen.

Nun haben Sie sich erfolgreich auf dem Campingplatz angemeldet. Sie haben einen Stellplatz zugewiesen bekommen und nun fehlt Ihnen nur noch ein Wort, nämlich:

Dank u!

[dank üü]
Vielen Dank!

Jetzt sind Sie dran.

Hier sehen Sie nun alle Wörter, die Sie in dieser Lektion gelernt haben. Lesen Sie sich alle gründlich durch und hören Sie sie sich auch an. Wir haben hier immer Wörter thematisch zu kleinen Portionen zusammengefasst, die dann in einem Track zu hören sind. Scannen Sie die Seite mit der **Scan2Learn-App** oder laden Sie die Audios unter **www.pons.de/leicht-und-locker-niederlaendisch** herunter. Wiederholen Sie die Wörter, indem Sie die deutsche Seite abdecken und sich die niederländischen Wörter ansehen. Überlegen Sie, was das Wort auf Deutsch heißt und decken Sie dann die deutsche Bedeutung auf. Wenn das klappt, machen Sie es andersherum.

TR. 1 

Welkom in Nederland en Vlaanderen [welkom In Needərlant en Flaandərə]	*Willkommen in den Niederlanden und Flandern*
hallo [hallo]	*hallo*
dag [dach]	*guten Tag*
goedemorgen [chudəmorchə]	*guten Morgen*
goedenavond [chudənavənt]	*guten Abend*
receptie [rəssepssii]	*Empfang/Rezeption*
camping [kemping]	*Campingplatz*

Wat kan ik voor u doen? [Wat kan ik foor üü dun]	*Was kann ich für Sie tun?*
wat [wat]	*was*
kan [kan]	*kann*
ik [ik]	*ich*
voor [foor]	*für*
u [üü]	*Sie*
doen [dun]	*tun*

TR. 2

ik heb gereserveerd [ik heb chəreesserfeert]	*ich habe reserviert*
heb [heb]	*habe*
gereserveerd [chəreesserfeert]	*reserviert*
Wat is uw naam? [wat iss üüw naam]	*Was ist Ihr Name?*
is [iss]	*ist*
mijn [mən]	*mein(e/n/r/m)*
je [jə]	*dein(e/n/r/m)*
uw [üüw]	*Ihr(e/n/r/m)*
naam [naam]	*Name*
mijn naam is [mən naam iss]	*mein Name ist*
Hoe heet u? [hu heet üü]	*Wie heißen Sie?*
Hoe heet je? [hu heet jə]	*Wie heißt du?*
hoe [hu]	*wie*
heet [heet]	*heiße/heißt/heißen*
u [üü]	*Sie*
je [jə]	*du*
voornaam [foornaam]	*Vorname*
achternaam [achtərnaam]	*Nachname*
adres [adress]	*Adresse*
e-mailadres [ii-meeladress]	*E-Mail-Adresse*
straat [sstraat]	*Straße*
nummer [nümər]	*Nummer*
postcode [posstkoodə]	*Postleitzahl*
plaats [plaatss]	*Ort*

TR. 3

U heeft staanplaats nummer 8. [üü heeft sstaanplaatss nümər 8]	*Sie haben Stellplatz Nummer 8.*
heeft [heeft]	*haben/hat*
staanplaats [sstaanplaatss]	*Stellplatz*
tent [tent]	*Zelt*
caravan [kerəfen]	*Wohnwagen*
een [een]	*eins*
twee [twee]	*zwei*
drie [drii]	*drei*
vier [fiir]	*vier*
vijf [fäjf]	*fünf*
zes [sess]	*sechs*
zeven [seefə]	*sieben*
acht [acht]	*acht*
negen [neechə]	*neun*
tien [tiin]	*zehn*
dank u [dank üü]	*Vielen Dank!*

Und nun sind Sie fit, um bereits die erste kleine Situation nach Ankunft in den Niederlanden oder Flandern erfolgreich zu meistern. Hören Sie sich den ganzen Dialog bei der Ankunft auf dem Campingplatz an.

TR. 4

- ○ Hallo!
- ● Dag!
- ○ Wat kan ik voor u doen?
- ● Ik heb gereserveerd.
- ○ Wat is uw naam?
- ● Mijn naam is Julia Förster.
- ○ U heeft staanplaats nummer 8.
- ● Dank u!

Und nun zum Schluss sehen Sie noch wichtige Sätze aus diesem ersten Kapitel, die Sie mit Hilfe der Bausteine bereits bilden können:

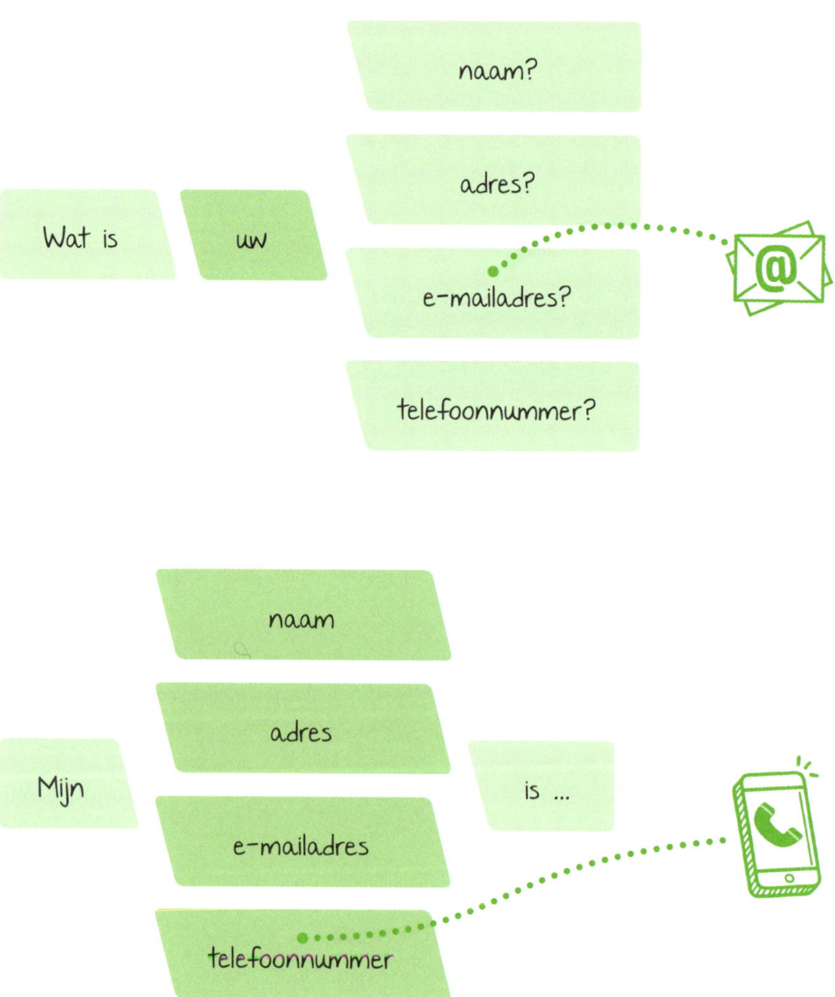

2 OP DE CAMPING
AUF DEM CAMPINGPLATZ

Das Schöne an einem Campingplatz ist, dass man sofort Menschen kennenlernt. Beim Aufbau des Zeltes oder Wohnwagens kann man gleich mit den Nachbarn ins Gespräch kommen. Verstehen Sie folgende Wörter und Sätze?

Hoi!
Hallo!

Duitsland
Deutschland

Ik spreek Nederlands.
Ich spreche Niederländisch.

Mag ik me voorstellen?
Darf ich mich vorstellen?

Wat zeg je?
Wie bitte?

Die meisten Niederländer sind sehr offen und gehen gerne auf Menschen zu. Auf einem Campingplatz lernt man sehr schnell seine *Nachbarn*, die **buren** [büürə] kennen. Sie begrüßen Sie statt mit **dag** [dach] oder **hallo** [hallo] eher mit der informellen Begrüßung:

Hoi!

[hoi]
Hallo!

Natürlich will man auch gerne wissen, wie es Ihnen geht. Auch hier stellt man die Frage nach dem Befinden eher informell:

Hoe gaat het met je?

[hu chaat ət met jə]
Wie geht's dir?

Objektpronomen:
me (mij) [mə (mäj)] *mir/mich*
je (jou) [jə (jau)] *dir/dich*
u [üü] *Ihnen/Sie*
hem [hem] *ihm/ihn*
haar [haar] *ihr/sie*
ons [onss] *uns*
jullie [jülii] *euch*
hun [hün] *ihnen/sie*

Auf Deutsch formuliert man die Frage nach dem Befinden mit dem Wort *dir*, einem Pronomen im Dativ. Wie Sie wohl bemerkt haben, stehen im Niederländischen an dieser Stelle zwei Wörter: die Präposition **met** und das Objektpronomen **je**. Es gibt im Niederländischen nämlich keinen Kasus (Nominativ, Akkusativ, Dativ, Genitiv) und somit keinen Unterschied zwischen *dir* und *dich*. Beides ist **je**. Das gilt für alle Objektpronomen. Wenn man im Deutschen den Dativ, also ein *mir*, *dir*, *ihm*, *ihr*, usw. benutzt, braucht man im Niederländischen in der Regel eine Präposition: **met mij**, **met je**, **met hem**, **met haar**, usw. Man sagt also eigentlich *wie geht es mit dir?* Genauso sieht die Antwort aus:

Met mij | gaat het | goed.

[met mäj chaat ət chut]
Mir geht es gut.

Wie Sie sehen, gibt es zwei Objektpronomen für die erste und zweite Person. Es gibt eine unbetonte Form **me** [mə] und **je** [jə] und eine betonte Form, **mij** [mäj] und **jou** [jau]. Man kann beispielsweise nur mit der betonten Form antworten und wenn man die betonte Form in der Frage benutzt, zeigt man aufrichtiges Interesse an der angesprochenen Person. In den meisten anderen Fällen wird die unbetonte Form benutzt.

Dank je wel!

[dank jə wel]
Danke!

Sowie Sie im Deutschen *danke sehr* oder *vielen Dank* sagen, gibt es im Niederländischen auch mehrere Varianten für *danke*. Im ersten Kapitel hatten Sie schon **dank u** [dank üü] gelernt. Wenn man duzt, sagt man **dank je** [dank jə]. **Dank je wel** [dank jə wel] ist lediglich eine weitere Variante.
Die Frage nach dem Befinden ist eher eine Höflichkeitsfloskel und wird meistens mit **goed** [chut] *gut* beantwortet. Trotzdem können Sie auch ganz ehrlich antworten:

uitstekend [öjtssteekənt] *ausgezeichnet*
prima [priimaa] *prima*
hartstikke goed [hartsstikə chut] *sehr gut*
het gaat wel [hət chaat wel] *es geht so*
het gaat niet zo goed [hət chaat niit soo chut] *es geht nicht so gut*
slecht [sslecht] *schlecht*

Jetzt sind Sie dran.

Geben Sie die richtige Antwort. Benutzen Sie nicht immer nur **goed** als Antwort, sondern wechseln Sie auch mal ab. Sie können hierzu die Wortliste auf der vorherigen Seite nutzen.

1. Hoe gaat het met je?

2. Hoe gaat het met jullie?

3. Hoe gaat het met hem?

4. Hoe gaat het met Julia?

Lösung
1. Met mij gaat het goed/...
2. Met ons gaat het fantastisch/...
3. Met hem gaat het prima/...
4. Met haar gaat het hartstikke goed/...

Das Eis ist schon mal gebrochen. Natürlich möchte man nun auch wissen, wer die neuen **buren** [büürə] *Nachbarn* auf dem **camping** [kemping] sind. Ihr niederländischer **buurman** [büürman], also *Nachbar* oder **buurvrouw** [büürfrau], *Nachbarin* macht sicherlich den ersten Schritt:

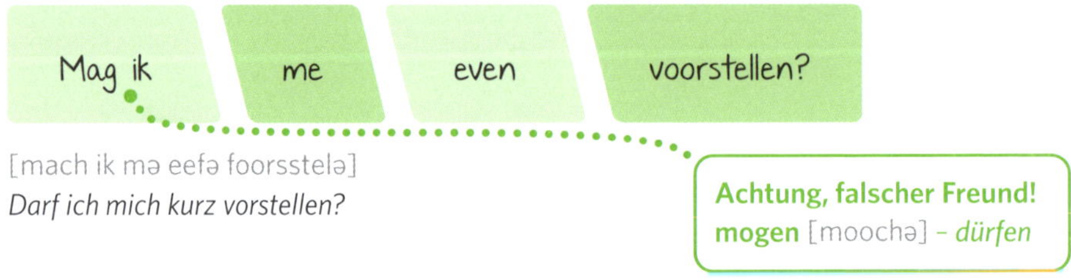

[mach ik mə eefə foorsstelə]
Darf ich mich kurz vorstellen?

Achtung, falscher Freund!
mogen [moochə] – *dürfen*

Das Verb **mogen** [moochə] ist unregelmäßig und ein falscher Freund, denn es heißt nicht *mögen* sondern *dürfen*. Sie sehen, wie sich das **o** in ein **a** verwandelt. Bei Fragen drehen Sie die zwei Wörter einfach um: **ik mag → mag ik**?

Sie haben schon gelernt, dass man sich vorstellen kann mit **mijn naam is** [mäjn naam iss] und **ik heet** [ik heet]. Hier kommt noch eine dritte Variante:

Ik ben Ruud.

[ik ben rüüt]
Ich bin Ruud.

zijn [säjn] – *zijn*
ik ben [ik ben] *ich bin*
je bent [jə bent] *du bist*
u bent [üü bent] *Sie sind*
hij/ze is [häj/sə iss] *er/sie ist*
we zijn [wə säjn] *wir sind*
jullie zijn [jülii säjn] *ihr seid*
ze zijn [sə säjn] *sie sind*

Er stellt auch seine *Frau* **vrouw** [frau] und *Kinder* **kinderen** [kindərə] vor:

Dit is mijn vrouw Ans en dit zijn onze kinderen Joost en Maartje.

[dit iss mən frau anss en dit säjn onsə kindərə joosst en maartjə]
Das ist meine Frau Ans und das sind unsere Kinder Joost und Maartje.

Im Niederländischen können die Vokale immer lang oder kurz ausgesprochen werden:

kurzes **a** [a]	**Ans** [anss]	wie im deutschen Wort **Lack**
langes **a** [aa]	**naam** [naam]	wie im deutschen Wort **Mahnmal**
kurzes **e** [e]	**en** [en]	wie im deutschen Wort **Leck**
langes **e** [ee]	**heet** [heet]	wie im deutschen Wort **fehlen**
kurzes **i** [i]	**ik** [ik]	wie im deutschen Wort **Lippe**
langes **i** [ii]	**drie** [drii]	wie im deutschen Wort **Lied**
kurzes **o** [o]	**onze** [onsə]	wie im deutschen Wort **Locke**
langes **o** [oo]	**Joost** [joosst]	wie im deutschen Wort **Dose**
kurzes **u** [ü]	**nummer** [nümər]	wie im deutschen Wort **Glück**
langes **u** [üü]	**Ruud** [rüüt]	wie im deutschen Wort **prüfen**

Sie können sich nun so vorstellen, wie Sie dies im ersten Kapitel bereits gelernt haben:

Dag, | ik heet | Julia Förster.

[dach ik heet Julia Förster]
Guten Tag, ich heiße Julia Förster.

Und fügen Sie folgende Höflichkeitsfloskel hinzu:

[lök jə tə leerə kenə]
Schön, dich kennenzulernen.

Nun können Sie auch Ihre Familie vorstellen, aber Achtung! Im Niederländischen gibt es das Wort **familie** [famiilii] genauso wie im Deutschen, doch werden hiermit oft mehr Familienmitglieder, wie Opa und Oma, Tante und Onkel usw. gemeint. Sie werden diese wahrscheinlich nicht alle mit in den Urlaub nehmen, sondern eher Ihr **gezin** [chəsin]. Ein **gezin** besteht immer aus Eltern und Kindern. Hier finden Sie eine Übersicht der ganzen Familie:

vrouw [frau]	*Ehefrau*
man [man]	*Ehemann*
dochter [dochtər]	*Tochter*
zoon [soon]	*Sohn*
moeder [mudər]	*Mutter*
vader [faadər]	*Vater*
oma [oomaa]	*Oma*
opa [oopaa]	*Opa*
kleindochter [kläjndochtər]	*Enkelin*
kleinzoon [kläjnsoon]	*Enkel*
tante [tantə]	*Tante*
oom [oom]	*Onkel*
nicht [nicht]	*Nichte/Cousine*
neef [neef]	*Neffe/Cousin*

Achtung!
Im Niederländischen gibt es für *Nichte* und *Cousine* nur einen Begriff, nämlich **nicht** und für *Neffe* und *Cousin* nur den einen Begriff **neef**.

Jetzt sind Sie dran.

Stellen Sie sich vor, Sie feiern Ihren runden Geburtstag mit der ganzen Familie auf einem Campingplatz in Zeeland. Stellen Sie den Campingnachbarn Ihre Familie vor. Sie dürfen gerne oben spicken:

Erinnern Sie sich noch? Für *mein* und *meine* nehmen Sie im Niederländischen ganz einfach immer **mijn**.

1. Das ist meine Frau Klara.

2. Das ist mein Onkel Peter.

3. Das sind mein Vater und meine Mutter.

4. Das ist meine Cousine Heidi.

Lösung
1. Dit is mijn vrouw Klara.
2. Dit is mijn oom Peter.
3. Dit zijn mijn vader en mijn moeder.
4. Dit is mijn nicht Heidi.

Nach der Vorstellungsrunde kommt schnell ein Gespräch in Gang. Als Erstes möchte man sicher wissen, woher Sie kommen. Ihre Nachbarn könnten dann fragen:

[waar koomə jülii fandaan]
Woher kommt ihr?

Niederländische Muttersprachler sprechen nicht alle Buchstaben eines Wortes aus oder verbinden Wörter miteinander. Anfangs werden Sie sicher nicht alles beim ersten Mal verstehen. Scheuen Sie sich nicht, nachzufragen!

Subjektpronomen

ik [ik] *ich*	**we (wij)** [wə (wäj)] *wir*
je (jij) [jə (jäj)] *du*	**jullie** [jülii] *ihr*
u [üü] *Sie*	
hij [häj] *er*	**ze (zij)** [sə (säj)] *sie*
ze (zij) [sə (säj)] *sie*	
het [hət] *es*	

[wat sech jə? ik bəchräjp jə niit]
Wie bitte? Ich verstehe dich nicht.

Eigentlich sagen Sie hier buchstäblich *was sagst du*, aber im Deutschen ist *wie bitte* die bessere Übersetzung. Erklären Sie einfach, dass Sie erst wenig Niederländisch sprechen. Ihre Nachbarn freuen sich, dass Sie überhaupt Niederländisch sprechen.

[ik spreek maar ən beetjə needərlants]
Ich spreche nur ein bisschen Niederländisch.

Passen Sie hier auf, dass Sie **Nederland** [needərlant], also das Land und **Nederlands** [needərlantss], mit **s**, die Sprache, nicht verwechseln!
Die **buren** haben wahrscheinlich schon gehört, dass Sie aus einem deutschsprachigen Land kommen und helfen Ihnen gerne auf die Sprünge:

[komə jülii öjt döjtsslant]
Kommt ihr aus Deutschland?

Der Laut **ui** [öj] ist für Deutsche einer der schwierigsten niederländischen Laute und er kommt ausgerechnet in **Duitsland** [döjtsslant], *Deutschland* vor. Der Laut ist ein Diphthong oder Zweiklang. Er besteht also aus zwei Klängen. Um dies richtig aussprechen zu können, muss immer Bewegung im Mundraum sein. Sie rutschen hier von einem [ö] zum [j]. Üben Sie dies einmal so: Sagen Sie: [ö] – [j] – [ö] – [j]. Werden Sie immer schneller, bis Sie den Zweiklang richtig erfasst haben. Vielleicht kennen Sie das Wort Feuilleton. Hier spricht man das **eui** ähnlich wie **ui** aus. Es ist sicher nicht einfach am Anfang, aber geben Sie nicht auf!

Auf die Frage, ob Sie aus **Duitsland** kommen, können Sie mit **ja** [ja] oder **nee** [nee] antworten. Sie müssen dann das Land nicht wiederholen. Sie können beispielsweise sagen, aus welcher Stadt Sie kommen:

[ja wə koomə öjt siegen]
Ja, wir kommen aus Siegen.

Oder Sie kommen vielleicht aus einem der folgenden Länder:

Nederland [needərlant] *die Niederlande*
België [belchiijə] *Belgien*
Oostenrijk [oosstəräjk] *Österreich*
Zwitserland [switssərlant] *Schweiz*
Frankrijk [frankräjk] *Frankreich*
Spanje [sspanjə] *Spanien*
Engeland [engəlant] *England*
Italië [iitaaliijə] *Italien*

Schon entsteht ein kleines erstes Gespräch auf Niederländisch. Fragen Sie nun, woher Ihre **buren** kommen, ganz einfach nur mit:

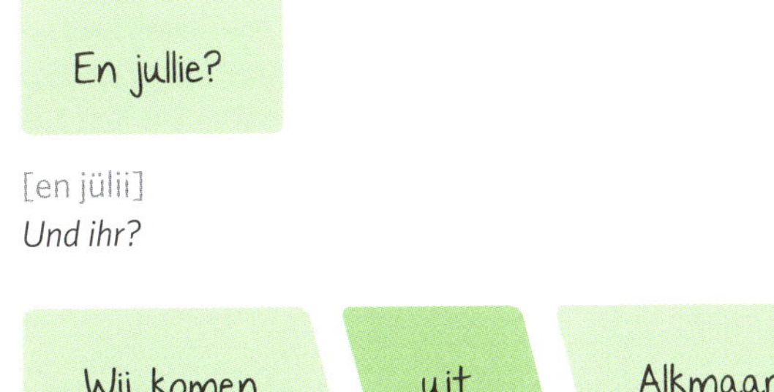

[en jülii]
Und ihr?

[wäj koomə öjt alkmaar]
Wir kommen aus Alkmaar.

Wie Sie sehen, wird in diesem Fall das erste Wort des Satzes betont: **wij** [wäj] *wir*, um hier den Gegensatz zu Ihrer Antwort zu betonen. Als Sie sagten **we komen uit Siegen** [wə koomə öjt siegen] wurde der Ort betont und deshalb wurde die unbetonte Form von *wir*: **we** [wə] benutzt.
Sie können mit diesem Satz also sagen, dass Sie aus einem Land oder einem Ort oder einer Region kommen.

Jetzt sind Sie dran.

Sie können nun schon auf viele Fragen eine Antwort geben. Hier sehen Sie einige Fragen mit möglichen Antworten. Wählen Sie die richtige Antwort.

1. Hoe heet je?
☐ **A** Mijn voornaam is Willem.
☐ **B** Fantastisch!

2. Wat is je adres?
☐ **A** Ik kom uit Duitsland.
☐ **B** Stationsweg 2 in Utrecht.

3. Hoe gaat het?
☐ **A** Het gaat wel.
☐ **B** Ik spreek Nederlands.

4. Waar kom je vandaan?
☐ **A** Ik kom uit Zeeland.
☐ **B** Ik woon in Oostenrijk.

Lösung
1. A, **2.** B, **3.** A, **4.** A

Sie haben nun Ihr erstes freundschaftliches Gespräch geführt. Sie haben sich geduzt, Sie haben gegrüßt mit **hoi** und wenn Sie schon mal in den Niederlanden waren, haben Sie sicher auch schon gehört, dass die Niederländer sich ganz informell gerne verabschieden mit:

Doei!

[dui]
Tschüss!

Jetzt sind Sie dran.

Hier finden Sie wieder alle neuen Wörter aus der Lektion. Ein kleiner Lerntipp: Lernen Sie die Wörter beim ersten Durchgang in der vorgegebenen Reihenfolge und danach springen Sie am besten bei den Wörtern hin und her.

TR. 5

op de camping [op də kemping]	*auf dem Campingplatz*
op [op]	*auf*
de [də]	*der, die, das, den, dem, des*
hoi [hoi]	*hallo*
Hoe gaat het met je? [hu chaat ət met jə]	*Wie geht's dir?*
hoe [hu]	*wie*
gaat [chaat]	*geht*
het [hət]	*es*
met [met]	*mit*
me (mij) [mə (mäj)]	*mich/mir*
je (jou) [jə (jau)]	*dich/dir*
u [üü]	*Sie/Ihnen*
hem [hem]	*ihn/ihm*
haar [haar]	*sie/ihr*
ons [onss]	*uns*
jullie [jülii]	*euch*
hun [hün]	*sie/ihnen*
uitstekend [öjtssteekənt]	*ausgezeichnet*
prima [priimaa]	*prima*
hartstikke goed [hartsstikə chut]	*sehr gut*
het gaat wel [hət chaat wel]	*es geht so*
het gaat niet zo goed [hət chaat niit soo chut]	*es geht nicht so gut*
slecht [sslecht]	*schlecht*

TR. 6

buren [büürə]	*Nachbarn*
buurman [büürman]	*Nachbar*
buurvrouw [büürfrau]	*Nachbarin*
Mag ik me even voorstellen? [mach ik mə eefə foorsstelə]	*Darf ich mich kurz vorstellen?*
mag [mach]	*darf*
mogen [moochə]	*dürfen*
me [mə]	*mich*
even [eefə]	*kurz*
voorstellen [foorsstelə]	*vorstellen*
ik [ik]	*ich*
je (jij) [jə (jäj)]	*du*
u [üü]	*Sie*
hij [häj]	*er*
ze (zij) [sə (säj)]	*sie (Singular)*
we (wij) [wə (wäj)]	*wir*
jullie [jülii]	*ihr*
ze (zij) [sə (säj)]	*sie (Plural)*

TR. 7

Ik ben Ruud. [ik ben rüüt]	*Ich bin Ruud.*
zijn [säjn]	*sein*
ik ben [ik ben]	*ich bin*
je bent [jə bent]	*du bist*
u bent [üü bent]	*Sie sind*
hij/ze is [häj/sə iss]	*er/sie ist*
we zijn [wə säjn]	*wir sind*
jullie zijn [jülii säjn]	*ihr seid*
ze zijn [sə säjn]	*sie sind*
Dit is mijn vrouw. [dit iss mən frau]	*Das ist meine Frau.*
Dit zijn onze kinderen. [dit säjn onsə kindərə]	*Das sind unsere Kinder.*
kinderen [kindərə]	*Kinder*
gezin [chəsin]	*Familie (ein Haushalt)*

man [man]	*Mann*
vrouw [frau]	*Frau*
zoon [soon]	*Sohn*
dochter [dochtər]	*Tochter*
vader [faadər]	*Vater*
moeder [mudər]	*Mutter*
opa [oopaa]	*Opa*
oma [oomaa]	*Oma*
kleinzoon [kläjnsoon]	*Enkel*
kleindochter [kläjndochtər]	*Enkelin*
oom [oom]	*Onkel*
tante [tantə]	*Tante*
neef [neef]	*Cousin; Neffe*
nicht [nicht]	*Cousine, Nichte*

TR. 8

Leuk je te leren kennen. [lök jə tə leerə kenə]	*Schön, dich kennenzulernen.*
leuk [lök]	*schön*
leren kennen [leerə kenə]	*kennenlernen*
Waar komen jullie vandaan? [waar koomə jülii fandaan]	*Woher kommt ihr?*
waar [waar]	*wo*
waar vandaan [waar fandaan]	*woher*
komen [koomə]	*kommen*
Ik kom uit Duitsland. [ik kom öjt döjtsslant]	*Ich komme aus Deutschland.*
uit [öjt]	*aus*
Nederland [needərlant]	*die Niederlande*
België [belchiijə]	*Belgien*
Duitsland [döjtsslant]	*Deutschland*
Oostenrijk [oosstəräjk]	*Österreich*
Zwitserland [switssərlant]	*Schweiz*
Frankrijk [frankräjk]	*Frankreich*
Spanje [sspanjə]	*Spanien*
Engeland [engəlant]	*England*
Italië [iitaaliijə]	*Italien*

TR. 9

Wat zeg je? [wat sech jə]	*Wie bitte?*
Ik begrijp je niet. [ik bəchräjp jə niit]	*Ich verstehe dich nicht.*
Ik spreek maar een beetje Nederlands. [ik spreek maar ən beetjə needərlants]	*Ich spreche nur ein bisschen Niederländisch.*
ja [jaa]	*ja*
nee [nee]	*nein*
doei [dui]	*tschüss*

Freuen Sie sich nun, dass Sie den ersten kleinen Dialog mit Ihren Nachbarn auf dem Campingplatz verstehen und führen können! Hören Sie sich den vollständigen Text an.

TR. 10

- ● Hoi! Hoe gaat het met je?
- ○ Met mij gaat het goed. Dank je wel.
- ● Mag ik me even voorstellen? Ik ben Ruud. Dit is mijn vrouw Ans en dit zijn onze kinderen Joost en Maartje.
- ○ Dag, ik heet Julia Förster. Leuk je te leren kennen.
- ● Waar komen jullie vandaan?
- ○ Wat zeg je? Ik begrijp je niet. Ik spreek maar een beetje Nederlands.
- ● Komen jullie uit Duitsland?
- ○ Ja, we komen uit Siegen. En jullie?
- ● Wij komen uit Alkmaar.
- ○ Doei!

Und nun zum Schluss sehen Sie noch wichtige Sätze aus diesem zweiten Kapitel, die Sie mit Hilfe der Bausteine bereits bilden können:

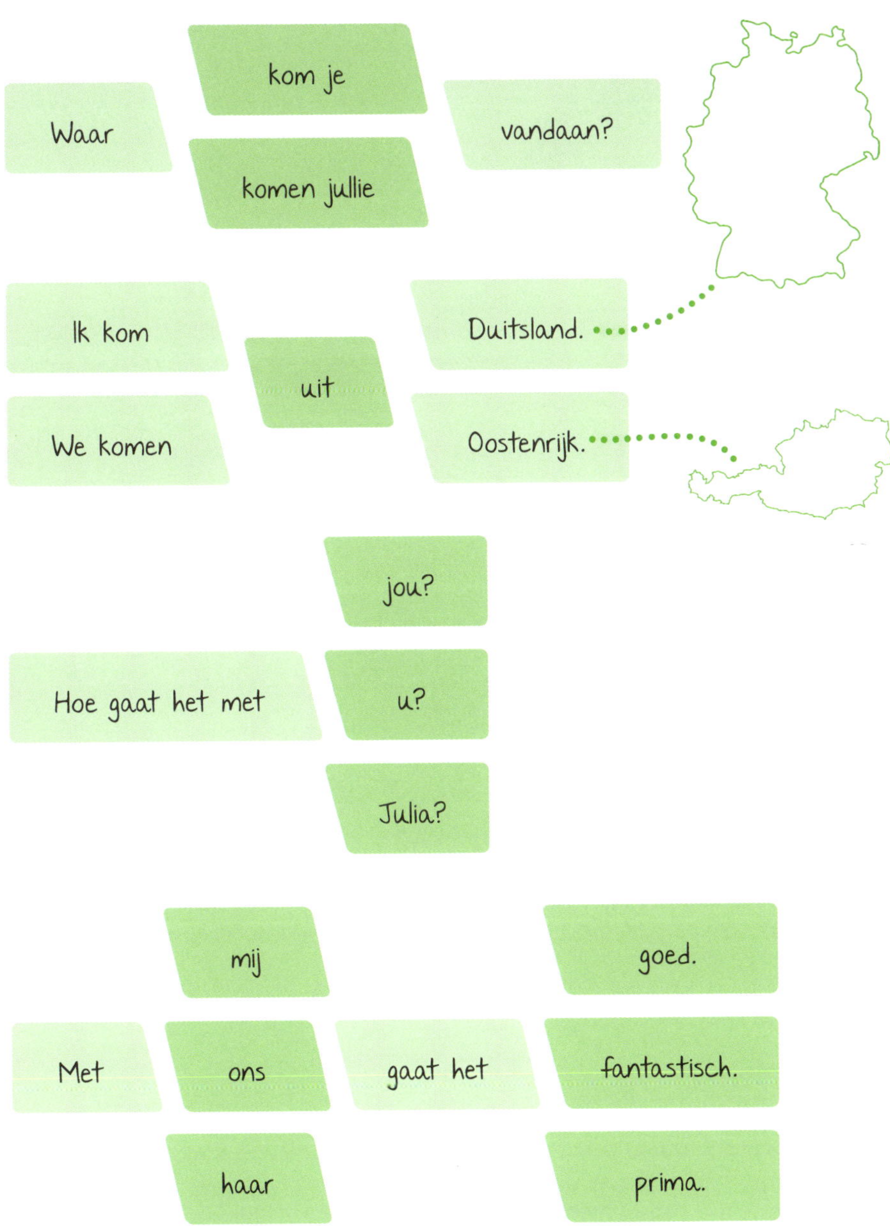
Waar
kom je
komen jullie
vandaan?
Ik kom
We komen
uit
Duitsland.
Oostenrijk.
jou?
Hoe gaat het met
u?
Julia?
mij
Met
ons
haar
gaat het
goed.
fantastisch.
prima.

3 WE GAAN NAAR HET STRAND
WIR GEHEN ZUM STRAND

Am breiten weißen Sandstrand der flämischen und niederländischen Küste ist zu jeder Jahreszeit etwas los. Man kann sonnenbaden oder Drachen steigen lassen, man kann spazieren oder Muscheln sammeln, man kann surfen oder Sandschlösser bauen. Worauf warten Sie noch? Gehen wir zum Strand! Folgende Wörter kennen Sie bereits oder sie lassen sich aus dem Deutschen sehr leicht ableiten:

strand
Strand

Ik neem mee
Ich nehme mit

zand
Sand

handdoek
Handtuch

bal
Ball

Sie haben die erste Nacht auf Ihrem Campingplatz verbracht, und als Sie am nächsten Morgen am Frühstückstisch sitzen, kommen Ihre **buren** [büürə] vorbei und fragen, ob Sie mit zum Strand gehen möchten.

[wə chaan naar hət sstrant chaan jülii mee]
Wir gehen zum Strand. Kommt ihr mit?

gaan [chaan] *gehen*
ik ga [ik chaa] *ich gehe*
je gaat [jə chaat] *du gehst*
u gaat [üü chaat] *Sie gehen*
hij/ze gaat [häj/sə chaat] *er/sie geht*
we gaan [wə chaan] *wir gehen*
jullie gaan [jülii chaan] *ihr geht*
ze gaan [sə chaan] *sie gehen*

Den Baustein **gaan naar** [chaan naar] *gehen zu* können Sie immer verwenden, wenn Sie sagen möchten, wohin jemand geht. Das niederländische **naar** ist in diesem Fall nicht nur die richtige Übersetzung für *zu*, sondern auch für *in* und *nach*, wie in den Beispielen: *er geht in die Stadt* **hij gaat naar de stad** [häj chaat naar də sstat] und *sie geht nach Deutschland* **ze gaat naar Duitsland** [sə chaat naar döjtsslant].

Jetzt sind Sie dran.

Übersetzen Sie die folgenden Sätze ins Niederländische. Dabei helfen Ihnen folgende Wörter: **de bakker** [də bakər] / **de markt** [də markt] / **het zwembad** [hət swembat]

1. Wir gehen zum Markt.

2. Sie gehen ins Schwimmbad.

3. Julia geht zum Backer.

bestimmte Artikel:
de [də] – *der/die*
het [hət] – *das*
Sie bleiben unveränderlich!

Lösung
1. We gaan naar de markt.
2. Ze gaan naar het zwembad.
3. Julia gaat naar de bakker.

Wie Sie im ersten Satz und in der Übung sehen, gibt es die zwei Artikel: **de** [də] und **het** [hət] für die deutschen Artikel *der*, *die* und *das*. Wie das deutsche *der* und *die* steht **de** [də] vor männlichen und weiblichen Wörtern und wie das deutsche *das* steht **het** [hət] vor neutralen Wörtern.

Lerntipp!
Lernen Sie immer gleich den richtigen Artikel dazu!

Auch wenn sich Deutsch und Niederländisch sehr ähneln, können Sie nicht davon ausgehen, dass beispielsweise ein Wort, das im Deutschen männlich ist, wie *der Strand*, auch im Niederländischen männlich ist: **het strand** [hət sstrant]. Ob es **de** oder **het** sein soll, ist schwer zu erraten. Es gibt auf jeden Fall mehr **de**-Wörter als **het**-Wörter, wenn man also raten soll, hat man mit **de** die größte Chance auf Erfolg!

Die Sonne scheint, Sie haben Urlaub und Sie denken: Warum nicht an den Strand? Sie möchten aber wissen, wann. Stellen Sie dann die folgende Frage:

[hu laat chaan jülii]
Um wie viel Uhr geht ihr?

Bei Fragen dreht man das Verb und die Person einfach um:
jullie gaan → gaan jullie?
[jülii chaan] [chaan jülii]
ihr geht → geht ihr?

Wenn Sie die Uhrzeit wissen möchten, fragen Sie **hoe laat is het?** [hu laat iss hət] *wie spät ist es?* Die Uhrzeit wird in *Minuten* **minuten** [miinüütə] und *Stunden* **uren** [üürə] eingeteilt und man wechselt im Viertelstundentakt zwischen **over** [oofər] *nach* und **voor** [foor] *vor*. Wenn Sie also im Deutschen *es ist zwanzig Minuten vor neun* sagen, sagen Sie im Niederländischen **het is tien minuten over half negen** [hət iss tiin miinüütə oofər haləf neegə].

In der folgenden Tabelle sehen Sie, wie man die Uhrzeit im Niederländischen sagt. Sie können, wie im Deutschen, **minuten** auch weglassen. Bei der vollen Stunde müssen Sie allerdings, anders als im Deutschen, immer **uur** hinzufügen: **het is twee uur** [hət iss twee üür] *es ist zwei*. Lesen Sie die Uhrzeit in der Tabelle laut vor und fangen Sie dabei immer den Satz mit **het is** [hət iss] *es ist* an:

een uur [een üür]	*ein Uhr*	**half vijf** [haləf fäjf]	*halb fünf*
vijf over twee [fäjf oofər twee]	*fünf nach zwei*	**vijf over half zes** [fäjf oofər haləf sess]	*fünfundzwanzig vor sieben*
kwart over drie [kwart oofər drii]	*viertel nach drei*	**kwart voor acht** [kwart foor acht]	*viertel vor acht*
tien voor half vier [tiin foor haləf fiir]	*zwanzig nach drei*	**negen voor tien** [neechə foor tiin]	*neun vor zehn*

Die Uhrzeit wird im Niederländischen zwar auch in 24 Stunden angegeben, aber man sagt eigentlich nie, dass es sechzehn Uhr ist. Deshalb brauchen Sie nur die Zahlen bis 12. Wir verraten Ihnen hier noch die 11 **elf** [eləf] und 12 **twaalf** [twaaləf]. Sagen Sie lieber **het is vier uur 's middags** [hət iss fiir üür ssmidachs] *es ist vier Uhr nachmittags.* Ein Tag ist in einen **morgen** [morchə] *Morgen*, **middag** [middach] *Mittag*, **avond** [aafənt] *Abend* und **nacht** [nacht] eine *Nacht* unterteilt. Wenn Sie die Uhrzeit mit einer bestimmten Tageszeit präzisieren oder eine Gewohnheit ausdrücken möchten, benutzen Sie die Variante mit einem **s** am Anfang und am Ende, also *morgens* heißt **'s morgens** [ssmorchəss], *abends* heißt **'s avonds** [ssaafəntss] und *nachts* heißt **'s nachts** [ssnachtss].

Jetzt sind Sie dran.

Hoe laat is het?
Wie spät ist es? Sagen Sie die richtige Uhrzeit. Fangen Sie immer mit **het is** [hət iss] *es ist* an:

1. 10:55
2. 12:15
3. 20:27
4. 6:37
5. 16:02
6. 13:00

Lösung
1. Het is vijf (minuten) voor elf ('s morgens).
2. Het is kwart over twaalf ('s middags).
3. Het is drie (minuten) voor half negen ('s avonds).
4. Het is zeven (minuten) over half zeven ('s morgens).
5. Het is twee (minuten) over vier ('s middags).
6. Het is een uur ('s middags).

We gaan	vanmiddag	om 2 uur.

[wə chaan fanmidach om twee üür]
Wir gehen heute Mittag um 2 Uhr.

Die Nachbarn möchten heute Nachmittag und nicht jeden Nachmittag gehen, deshalb sagen sie **vanmiddag** [fanmidach] *heute Mittag*. Sie kleben einfach ein **van** vor der Tageszeit. Das geht natürlich auch mit den anderen Tageszeiten: **vanavond** [fanaafənt] *heute Abend* oder **vannacht** [fanacht] *heute Nacht*.

Nun wissen Sie aus welchen Teilen ein Tag besteht. Da machen wir doch gleich weiter mit den Wochentagen:

maandag [maandach]	*Montag*
dinsdag [dinssdach]	*Dienstag*
woensdag [wunssdach]	*Mittwoch*
donderdag [dondərdach]	*Donnerstag*
vrijdag [fräjdach]	*Freitag*
zaterdag [saatərdach]	*Samstag*
zondag [sondach]	*Sonntag*

Wenn Sie sagen möchten, dass Sie an einem bestimmten Tag etwas machen, dann verwenden Sie die Präposition **op** [op] *am*. Sie sagen zum Beispiel: **Ik ga op zaterdag naar het strand.** [ik chaa op saatərdach naar hət sstrant] *Ich gehe am Samstag zum Strand*. Am besten lernen Sie immer gleich die richtige Präposition dazu!

Zaterdag und **zondag** sind im Niederländischen **het weekend** [hət wiikent], *das Wochenende*. Hier verwenden Sie nicht **op** [op], sondern **in** [in].

Jetzt sind Sie dran.

Machen Sie doch gleich einen Termin. Teilen Sie mit, wann Sie gehen. Verwenden Sie das Verb **gaan**!

1. **Ich gehe** | **Samstag** | **9:00 Uhr** | **Strand**

2. **Wir gehen** | **Mittwoch** | **14:00 Uhr** | **Stadt**

3. **Julia und ich gehen** | **Wochenende** | **Niederlande**

Lösung
1. Ik ga op zaterdag om 9 uur 's morgens naar het strand.
2. We gaan op woensdag om 2 uur 's middags naar de stad.
3. Julia en ik gaan in het weekend naar Nederland.

Leuk, | we gaan | graag | mee.

[lök wə chaan chraach mee]
Toll, wir gehen gerne mit.

Mit dem Wort **leuk** [lök] kann man angeben, dass etwas positiv ist. Es kann also *toll, schön, nett* usw. bedeuten. **Graag** [chraach] heißt *gern*, wird aber oft hinzugefügt, um eine Aussage höflicher zu machen.

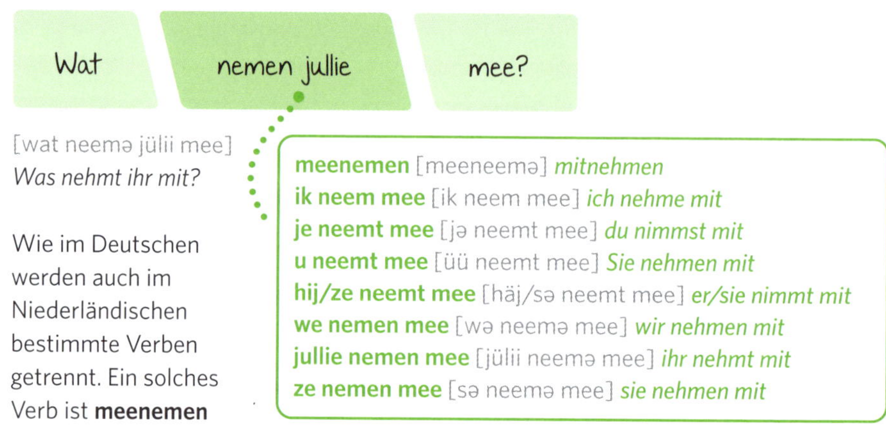

[wat neemə jülii mee]
Was nehmt ihr mit?

meenemen [meeneemə] *mitnehmen*
ik neem mee [ik neem mee] *ich nehme mit*
je neemt mee [jə neemt mee] *du nimmst mit*
u neemt mee [üü neemt mee] *Sie nehmen mit*
hij/ze neemt mee [häj/sə neemt mee] *er/sie nimmt mit*
we nemen mee [wə neemə mee] *wir nehmen mit*
jullie nemen mee [jülii neemə mee] *ihr nehmt mit*
ze nemen mee [sə neemə mee] *sie nehmen mit*

Wie im Deutschen werden auch im Niederländischen bestimmte Verben getrennt. Ein solches Verb ist **meenemen** [meeneemə] *mitnehmen*. Das **mee** [mee], also *mit* wird vom Rest des Verbs **nemen** [neemə] *nehmen* getrennt und nach hinten gestellt. *Wir nehmen mit* wird somit **we nemen mee** [wə neemə mee]. Es können aber noch andere Wörter zwischen **we nemen** und **mee** gestellt werden:

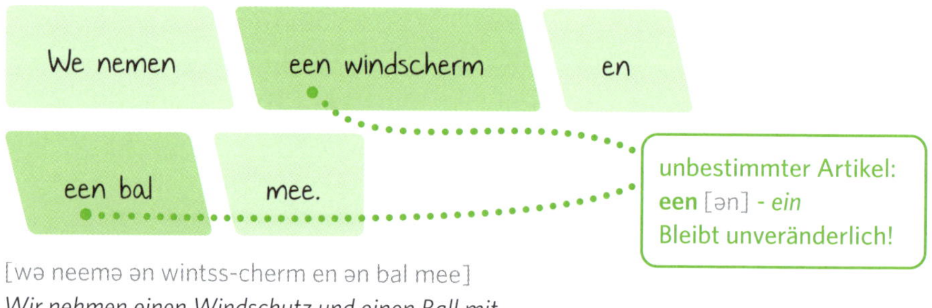

unbestimmter Artikel:
een [ən] - *ein*
Bleibt unveränderlich!

[wə neemə ən wintss-cherm en ən bal mee]
Wir nehmen einen Windschutz und einen Ball mit.

Zum Glück gibt es nur einen unbestimmten Artikel, nämlich **een** [ən], und der ändert sich nie. Es kann also *ein, eine, einer, einen* und *einem* bedeuten.
Sie dürfen ihn nur nicht mit der Zahl *1* **een** [een] verwechseln. Der einzige Unterschied liegt hier in der Aussprache. Die Zahl wird nämlich betont ausgesprochen und der Artikel **een** [ən] unbetont. Die Verneinung ist **geen** [cheen], also *kein* und bleibt genauso unveränderlich.

Im Wort **windscherm** [wintss-cherm] sehen Sie den Laut **sch**. Dieser Laut wird zuerst wie ein **s** und anschließend wie das **ch** in Kuchen ausgesprochen. Sprechen Sie zuerst einige Male das **s** und **ch** getrennt aus und lassen Sie dann die Laute immer schneller aufeinander folgen, bis sie schließlich einen Laut formen. Passen Sie aber auf, dass

Sie es nicht mit dem deutschen Laut **sch** verwechseln. Die Aussprache des niederländischen **sch** kratzt mehr und Sie sollten es hinten im Hals spüren.

Sie schmieden weiter Pläne für Ihren Strandausflug:

Dan	nemen wij	onze	vlieger mee.

[dan neemə wäj onsə fliichər mee]
Dann nehmen wir unseren Drachen mit.

Possessivpronomen
mijn [mən] *mein*
je (jouw) [jə (jau)] *dein*
uw [üüw] *Ihr*
zijn [sən] *sein*
haar [haar] *ihr*
ons/onze [onss/onsə] *unser*
jullie [jülii] *euer*
hun [hün] *ihr*

Sie sehen, dass es zwei Varianten für *unser* gibt. **Onze** verwendet man vor einem sogenannten **de**-Wort, zum Beispiel **de vlieger** [də fliichər] → **onze vlieger** [onsə fliichər] und **ons** [onss] vor einem **het**-Wort, zum Beispiel **het strand** [hət sstrant] → **ons strand** [onss sstrant].

Natürlich können Sie noch viel mehr mit zum Strand nehmen:

de handdoek [də handuk]	*das Handtuch*
de parasol [də paaraassol]	*der Sonnenschirm*
de zonnebril [də sonəbril]	*die Sonnenbrille*
de schep [də ss-chep]	*die Schaufel*
de emmer [də emər]	*der Eimer*
het boek [hət buk]	*das Buch*
het tijdschrift [hət täjtss-chrift]	*die Zeitschrift*
de zonnecrème [də sonəkrem]	*die Sonnencreme*

Jetzt sind Sie dran.

Was nehmen Sie zum Strand mit? Übersetzen Sie die folgenden Sätze ins Niederländische:

1. Ich nehme mein Buch mit.

2. Wir nehmen unseren Sonnenschirm mit.

3. Ruud nimmt seinen Drachen und einen Ball mit.

4. Die Kinder nehmen ihre Schaufel und den Eimer mit.

Lösung
1. Ik neem mijn boek mee.
2. We nemen onze parasol mee.
3. Ruud neemt zijn vlieger en een bal mee.
4. De kinderen nemen hun schep en de emmer mee.

Nun haben Sie schon einen ersten Termin ausgemacht und können anfangen, Ihre Strandsachen zu packen. Verabschieden Sie sich bis dahin mit:

Tot straks!

[tot sstrakss]
Bis gleich!

Jetzt sind Sie dran.

Hier finden Sie wieder alle neuen Wörter aus der Lektion. Ein kleiner Lerntipp: Versuchen Sie einmal, die Wörter laut zu sprechen, während Sie im Zimmer umhergehen. Je nachdem, was für ein Lerntyp Sie sind, lernen Sie nämlich leichter, wenn Sie sich dabei bewegen. Probieren Sie es einmal aus!

TR. 11

we gaan naar het strand [wə chaan naar hət sstrant]	*wir gehen zum Strand*
gaan [chaan]	*gehen*
ik ga [ik chaa]	*ich gehe*
je gaat [jə chaat]	*du gehst*
u gaat [üü chaat]	*Sie gehen*
hij/ze gaat [häj/sə chaat]	*er/sie geht*
we gaan [wə chaan]	*wir gehen*
jullie gaan [jülii chaan]	*ihr geht*
ze gaan [sə chaan]	*sie gehen*
naar [naar]	*zu, in, nach (für eine Richtung)*
het strand [hət sstrant]	*der Strand*
het zand [hət sant]	*der Sand*
de stad [də sstat]	*die Stadt*
de markt [də markt]	*der Markt*
het zwembad [hət swembat]	*das Schwimmbad*
de bakker [də bakər]	*der Bäcker*
het [hət]	*das*
de [də]	*der, die*

TR. 12

Hoe laat is het? [hu laat iss hət]	*Wie spät ist es?*
de minuut [də miinüüt]	*die Minute*
de minuten [də miinüütə]	*die Minuten*
het uur [hət üür]	*die Stunde*
de uren [də üürə]	*die Stunden*
het is een uur [hət iss een üür]	*es ist ein Uhr*

het is kwart over [hət iss kwart oofər]	*es ist viertel nach*
het is kwart voor [hət iss kwart foor]	*es ist viertel vor*
kwart [kwart]	*viertel*
over [oofər]	*nach*
voor [foor]	*vor*
het is half twee [hət iss haləf twee]	*es ist halb zwei*
elf [eləf]	*elf*
twaalf [twaaləf]	*zwölf*

TR. 13

de morgen [də morchə]	*der Morgen*
's morgens [ssmorchəss]	*morgens*
vanmorgen [fanmorchə]	*heute Morgen*
de middag [də midach]	*der Mittag*
's middags [ssmidachss]	*mittags*
vanmiddag [fanmidach]	*heute Mittag*
de avond [də aafənt]	*der Abend*
's avonds [ssaafəntss]	*abends*
vanavond [fanaafənt]	*heute Abend*
de nacht [də nacht]	*die Nacht*
's nachts [ssnachtss]	*nachts*
vannacht [fanacht]	*heute Nacht*
de dag [də dach]	*der Tag*
de dagen [də daachə]	*die Tage*
maandag [maandach]	*Montag*
dinsdag [dinssdach]	*Dienstag*
woensdag [wunssdach]	*Mittwoch*
donderdag [dondərdach]	*Donnerstag*
vrijdag [fräjdach]	*Freitag*
zaterdag [saatərdach]	*Samstag*
zondag [sondach]	*Sonntag*
op zondag [op sondach]	*am Sonntag*
het weekend [hət wiikent]	*das Wochenende*
in het weekend [in hət wiikent]	*am Wochenende*

TR. 14

leuk [lök]	*toll, nett, schön*
graag [chraach]	*gerne*
meenemen [meeneemə]	*mitnehmen*
ik neem mee [ik neem mee]	*ich nehme mit*
je neemt mee [jə neemt mee]	*du nimmst mit*
u neemt mee [üü neemt mee]	*Sie nehmen mit*
hij/ze neemt mee [häj/sə neemt mee]	*er/sie nimmt mit*
we nemen mee [wə neemə mee]	*wir nehmen mit*
jullie nemen mee [jülii neemə mee]	*ihr nehmt mit*
ze nemen mee [sə neemə mee]	*sie nehmen mit*
een [ən]	*ein, eine, einen,...*
het windscherm [hət wintss-cherm]	*der Windschutz*
de bal [də bal]	*der Ball*
de vlieger [də fliichər]	*der Drachen*
de handdoek [də handuk]	*das Handtuch*
de parasol [də paaraassol]	*der Sonnenschirm*
de zonnebril [də sonəbril]	*die Sonnenbrille*
de schep [də ss-chep]	*die Schaufel*
de emmer [də emər]	*der Eimer*
het boek [hət buk]	*das Buch*
het tijdschrift [hət täjtss-chrift]	*die Zeitschrift*
de zonnecrème [də sonəkrem]	*die Sonnencreme*

TR. 15

mijn [mən]	*mein*
je (jouw) [jə (jau)]	*dein*
uw [üüw]	*Ihr*
zijn [säjn]	*sein*
haar [haar]	*ihr*
ons/onze [onss/onse]	*unser*
jullie [jülii]	*euer*
hun [hün]	*ihr*
tot straks [tot sstrakss]	*bis gleich*

Sie haben nun Ihren ersten Termin ausgemacht. Sie haben nach der Uhrzeit gefragt und können auch auf diese Frage antworten und Sie können mitteilen, was Sie alles mitnehmen werden, wenn Sie zum Strand gehen. Hören Sie sich den vollständigen Text an.

TR. 16

- ○ We gaan naar het strand. Gaan jullie mee?
- ● Hoe laat gaan jullie?
- ○ We gaan vanmiddag om 2 uur.
- ● Leuk, we gaan graag mee. Wat nemen jullie mee?
- ○ We nemen een windscherm en een bal mee.
- ● Dan nemen wij onze vlieger mee.
- ○ Tot straks!

Und nun zum Schluss sehen Sie noch wichtige Sätze aus diesem Kapitel, die Sie mit Hilfe der Bausteine bereits bilden können:

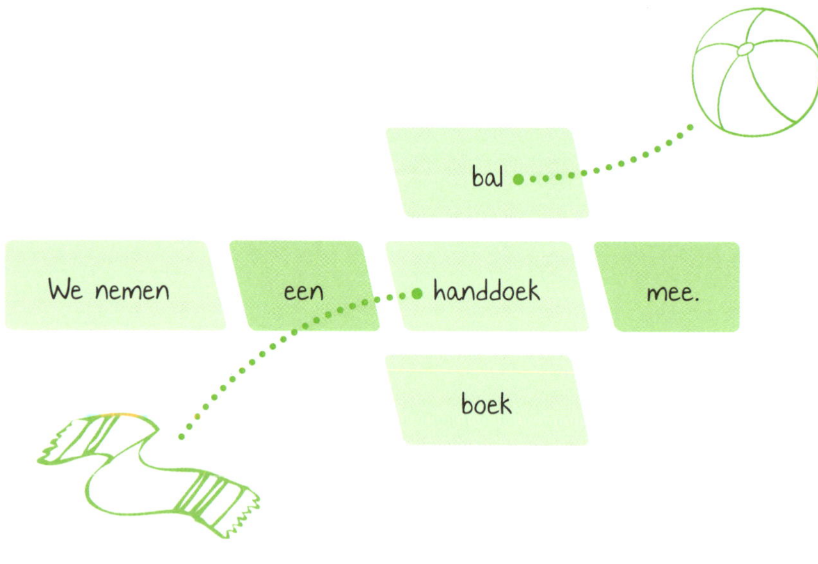

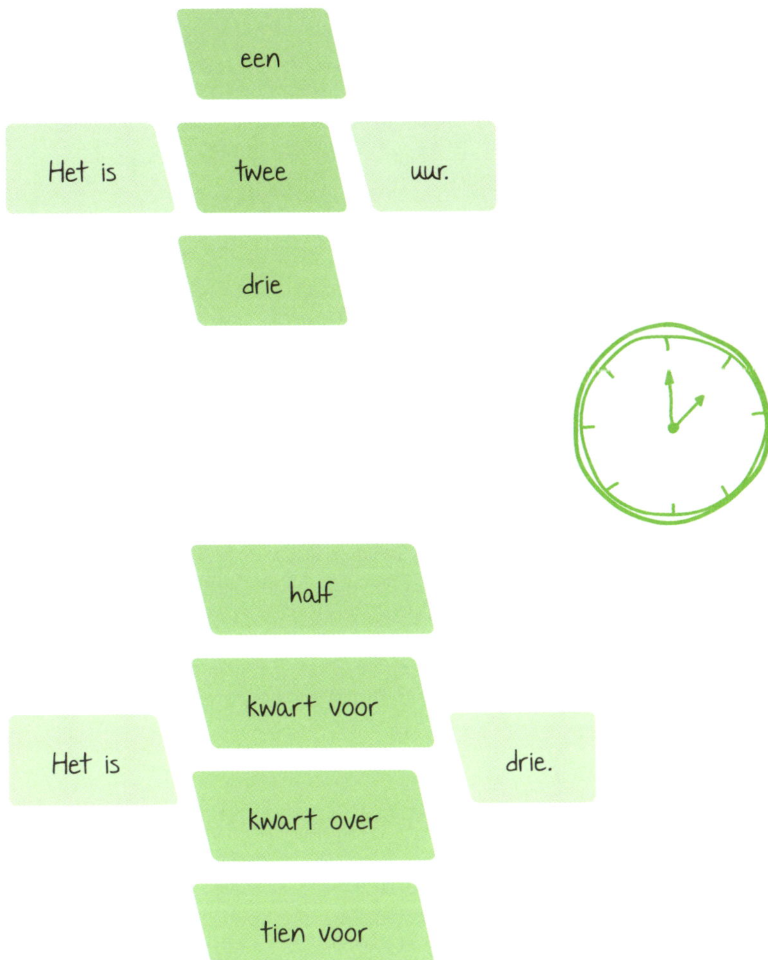
een
Het is
twee
uur.
drie
half
kwart voor
Het is
drie.
kwart over
tien voor

4 BOODSCHAPPEN DOEN

EINKAUFEN

Nach einem langen Strandtag hat man Hunger. Die meisten Camper kochen gerne selbst. Dafür müssen Sie allerdings zuerst einkaufen. In Flandern und den Niederlanden gibt es an vielen Orten einen Wochenmarkt, aber natürlich können Sie auch zum Gemüsehändler, Bäcker oder Supermarkt gehen. Viele Produkte haben ähnliche Namen wie im Deutschen. Sie werden sich sicher schnell zurechtfinden.

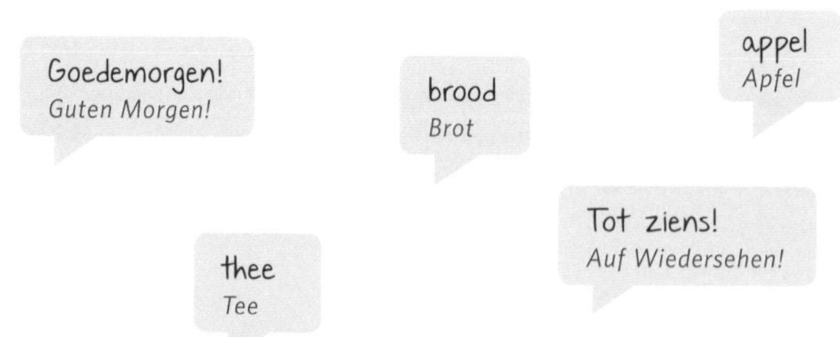

Heute ist Markt in der Nähe des Campingplatzes und Sie gehen zuerst zum Obst-und Gemüsehändler, zum **boodschappen doen** [bootss-chapə dun] *Einkaufen*. Der Obst- und Gemüsehändler freut sich über Kundschaft und spricht Sie sofort an:

Goedemorgen, wat mag het zijn?

[chudəmorchə wat mach hət säjn]
Guten Morgen, was darf es sein?

Wie Sie schon wissen, kann man das Wort **graag** [chraach] *gerne* verwenden, um Höflichkeit auszudrücken. Antworten Sie wie im Beispiel mit:

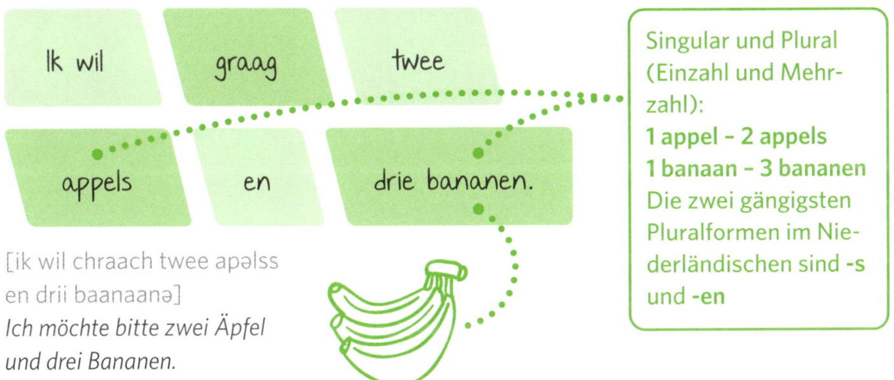

Singular und Plural (Einzahl und Mehrzahl):
1 appel - 2 appels
1 banaan - 3 bananen
Die zwei gängigsten Pluralformen im Niederländischen sind **-s** und **-en**

[ik wil chraach twee apəlss en drii baanaanə]
Ich möchte bitte zwei Äpfel und drei Bananen.

Sie könnten auch nur das nennen, was Sie brauchen und abschließen mit **alstublieft** [alsstüübliift] *bitte*. Also zum Beispiel **twee appels alstublieft** [twee apəlss alsstüübliift], *zwei Äpfel bitte*.

Sie kaufen mehrere Früchte und brauchen nun auch den Plural. Die gängigsten Pluralformen sind die Endungen **-s** und **-en**. Um zu wissen, welche sie benutzen sollen, helfen Ihnen folgende Regeln: Die Wörter, die auf einem Vokal oder einer unbetonten Silbe, wie -ə, -ər, -əl, usw. enden, bekommen im Plural meist ein **-s** oder **-'s**. Der Apostroph wird benötigt für die richtige Aussprache und kommt nur bei Wörtern vor, die auf den Vokalen a, i, o, u und y enden.

Beispiele:

de opa [də oopaa]	*der Opa*	**de opa's** [də oopaass]	*die Opas*
de tante [də tantə]	*die Tante*	**de tantes** [də tantəss]	*die Tanten*
de vlieger [də fliichər]	*der Drachen*	**de vliegers** [də fliichərss]	*die Drachen*
de appel [də apəl]	*der Apfel*	**de appels** [də apəlss]	*die Äpfel*

Die meisten anderen Wörter erhalten im Plural die Endung **-en**.
Die Schreibweise kann sich bei der Pluralbildung ändern. Manchmal kommt ein Buchstabe dazu, manchmal verschwindet ein Buchstabe und manche Buchstaben ändern sich, wie im Beispiel **neef** [neef], bei dem im Plural **neven** [neefə] das **f** sich in ein **v** verwandelt. Dieses Phänomen sehen Sie auch bei den Buchstaben **s** und **z**, wie im Wort **kaas** [kaass] *Käse*, das im Plural **kazen** [kasə] wird.
Dies sollte Sie nicht weiter stören, denn das **f** und das **v** sowie das **s** und das **z** werden sowieso fast gleich ausgesprochen. Bei den Buchstaben **v** und **f**, die beide eher wie das deutsche **f** ausgesprochen werden, unterscheidet sich die Aussprache nur regional von Nord nach Süd. Es kommt also ganz darauf an, wo Sie sich gerade befinden.

Ausnahme im Plural:
1 kind – 2 kinderen

Sie haben im vorigen Kapitel auch schon eine Ausnahme bei den Pluralformen kennengelernt. Zum Glück sind die in der Minderheit. So ändert sich bei manchen Pluralformen die Aussprache des Vokals oder sogar der Vokal selbst und bei wenigen Wörtern gibt es die Pluralendung **-eren**, wie Sie hier anhand der Beispiele sehen können:

de dag [də dach]	*der Tag*	**de dagen** [də daachə]	*die Tage*
de stad [də sstat]	*die Stadt*	**de steden** [də ssteedə]	*die Städte*
het ei [hət äj]	*das Ei*	**de eieren** [də äjərə]	*die Eier*

Der Artikel vor einem Plural ist übrigens immer **de** [də].

Wir sind allerdings noch auf dem Markt. Der Obst- und Gemüsehändler möchte gerne noch mehr verkaufen, also sagt er:

Anders nog iets? | De bloemkool | is in de aanbieding!

[andərss noch iitss? də blumkool iss in də aanbiiding]
Sonst noch etwas? Der Blumenkohl ist im Angebot.

Vielleicht möchten Sie aber etwas, was Sie nicht sofort sehen. Fragen Sie einfach danach! Wie Sie schon im vorigen Kapitel gelernt haben, drehen Sie das Verb und die Person bei Fragen einfach um:

[hept üü aartbäjə]
Haben Sie Erdbeeren?

hebben [hebə] *haben*
ik heb [ik hep] *ich habe*
je hebt [jə hept] *du hast*
u hebt/heeft [üü hept/heeft] *Sie haben*
hij/ze heeft [häj/sə heeft] *er/sie hat*
we hebben [wə hebə] *wir haben*
jullie hebben [jülii hebə] *ihr habt*
ze hebben [sə hebə] *sie haben*

[heelaass hebə wə cheen aartbäjə]
Leider haben wir keine Erdbeeren.

Am Obst- und Gemüsestand haben Sie eine große Auswahl, *Obst* heißt übrigens **fruit** [fröjt] und eine *Frucht* heißt ganz einfach **vrucht** [frücht]. Unterstreichen Sie in der Liste die Obstsorten, die Ihnen schmecken:

de appel [də apəl] *der Apfel*
de banaan [də baanaan] *die Banane*
de peer [də peer] *die Birne*
de sinaasappel [də ssiinaassapəl] *die Orange*
de aardbei [də aartbäj] *die Erdbeere*
de druif [də dröjf] *die Traube*
de mandarijn [də mandaaräjn] *die Mandarine*
de citroen [də ssiitrun] *die Zitrone*
de kers [də kerss] *die Kirsche*

Und damit kein Wunsch unerfüllt bleibt, finden Sie hier auch eine Liste mit *Gemüse*, das **groente** [chruntə] heißt:

de bloemkool [də blumkool]	*der Blumenkohl*
de sla [də sslaa]	*der Salat*
de wortel [də wortəl]	*die Karotte*
de prei [də präj]	*der Lauch*
de bonen [də bonə]	*die Bohnen*
de tomaat [də toomaat]	*die Tomate*
de aardappel [də aardapəl]	*die Kartoffel*
de ui [də öj]	*die Zwiebel*
de komkommer [də komkomər]	*die Salatgurke*

Folgende Mengenangaben sind beim Einkauf bestimmt hilfreich:

gram [chram]	*Gramm*
ons [onss]	*100 Gramm*
pond [pont]	*Pfund*
kilo [kiiloo]	*Kilo*

Bestellen Sie also **twee kilo appels** [twee kiiloo apəlss] *zwei Kilo Äpfel*. Genauso wie im Deutschen bleibt stets die Mengenangabe im Singular und das Nomen im Plural.

Jetzt sind Sie dran.

Sie sind auf dem Markt. Bestellen Sie folgendes Gemüse und Obst in den angegebenen Mengen. Fangen Sie die Sätze immer mit **ik wil graag...** an:

1. wortel (3) en mandarijn (10)

2. sinaasappel (5) en boon (200 gr)

3. aardappel (2 kilo) en ui (6)

Lösung
1. Ik wil graag drie wortels en tien mandarijnen.
2. Ik wil graag vijf sinaasappels en twee ons bonen.
3. Ik wil graag twee kilo aardappels en zes uien.

Wenn Sie wissen möchten, wie viel Sie zahlen müssen, fragen Sie:

[hufeel kosst ət]
Wie viel kostet das?

Mit dem Baustein **hoeveel kost** [hufeel kosst] können Sie nach dem *Preis* **prijs** [präiss] von jedem einzelnen Artikel fragen. Sie passen das Verb an, wenn Sie den Plural nutzen, beispielsweise: **Hoeveel kosten de kersen?** [hufeel kosstə də kerssə], also *Wie viel kosten die Kirschen?*
In Flandern und den Niederlanden wird meistens mit der EC-Karte gezahlt. Die kleinsten Beträge kann man ohne Probleme bargeldlos zahlen. Man sieht auch überall die Kartenlesegeräte auf den Bedientheken stehen und es wird zum Teil als lästig empfunden, wenn Sie bar bezahlen wollen. Sie werden oft den folgenden Satz hören: **Wilt u pinnen?** [wilt üü pinə]. So fragt man, ob *Sie mit einer Bankkarte zahlen möchten*. **Pinnen** steht für das Eingeben der Persönlichen Identifikationsnummer (PIN). Sogar auf dem Markt ist dies mittels mobiler Kartenlesegeräte möglich. An vielen Automaten, wie beispielsweise in Parkhäusern, können Sie oft nur mit Bankkarte zahlen.

[hət kosst fiir öroo fäjfənneechətəch]
Das macht 4 Euro 95.

Wenn Sie dann mal bar bezahlen, werden die Centbeträge in den Niederlanden immer auf 5 oder 0 ab- oder aufgerundet. Die kleinen 1- und 2-Cent-Münzen sind doch nur lästig und unter dem Strich bezahlen Sie nicht mehr oder weniger. Wundern Sie sich also nicht, wenn die Kassiererin etwas anderes sagt, als auf der Kasse angezeigt wird. Wenn Sie dennoch Wert darauf legen, den genauen Preis zu zahlen, zahlen Sie besser bargeldlos.

Bis jetzt haben Sie nur die Zahlen bis 12 gelernt, aber beim Einkaufen brauchen Sie bestimmt höhere Zahlen. In der nächsten Tabelle lernen Sie die Zahlen bis 100:

13	**dertien** [dertiin]	30	**dertig** [dertəch]
14	**veertien** [feertiin]	40	**veertig** [feertəch]
15	**vijftien** [fäjftiin]	50	**vijftig** [fäjftəch]
16	**zestien** [sesstiin]	60	**zestig** [sesstəch]
17	**zeventien** [seefətiin]	70	**zeventig** [seefətəch]
18	**achttien** [achtiin]	80	**tachtig** [tachtəch]
19	**negentien** [neechətiin]	90	**negentig** [neechətəch]
20	**twintig** [twintəch]	100	**honderd** [hondərt]

13–19:
Endung auf **-tien**
20–90:
Endung auf **-tig**

Das Zahlensystem ist wie im Deutschen aufgebaut – das ist für Sie also ein Leichtes! Das heißt, dass Sie auch im Niederländischen bei einer zweistelligen Zahl immer am Ende anfangen. 21 ist also **eenentwintig** [eenəntwintəch]. Bauen Sie das Üben der Zahlen ins alltägliche Leben ein. Zählen Sie alles, was Ihnen auf Ihrem Weg begegnet, von Ampeln bis Zebrastreifen!

Jetzt sind Sie dran.

Sie kaufen ein und fragen nach dem Preis. Kreuzen Sie den richtigen Betrag an!

1. zesendertig euro vijftien
- ☐ A € 15,36
- ☐ B € 15,63
- ☐ C € 36,15

2. zeventien euro vierennegentig
- ☐ A € 17,94
- ☐ B € 19,74
- ☐ C € 17,49

3. eenenvijftig euro vijftig
- ☐ A € 51,40
- ☐ B € 50,15
- ☐ C € 51,50

4. twaalf euro vijfenzestig
- ☐ A € 21,65
- ☐ B € 12,65
- ☐ C € 11,43

Lösung
1. C, **2.** A, **3.** C, **4.** B

Natürlich möchten Sie nicht nur beim Obst- und Gemüsehändler einkaufen. Damit Sie alles kaufen können, was Sie für den täglichen Gebrauch benötigen, gibt es hier noch eine Liste mit den gängigsten **levensmiddelen** [leefəssmidələ] *Lebensmitteln*:

het brood [hət broot]	*das Brot*
het bolletje [hət bolətjə] **(NL)**	*das Brötchen*
het broodje [hət brootjə]	*das Brötchen*
de worst [də worsst]	*die Wurst*
de ham [də ham]	*der Schinken*
het gehakt [hət chəhakt]	*das Hackfleisch*
de kip [də kip]	*das Hähnchen*
de boter [də bootər]	*die Butter*
de olie [də oolii]	*das Öl*
de kaas [də kaass]	*der Käse*
de melk [də melək]	*die Milch*
de koffie [də kofii]	*der Kaffee*
de thee [də tee]	*der Tee*
de suiker [də ssöjkər]	*der Zucker*
de bloem [də blum]	*das Mehl*
het ei [hət äj]	*das Ei*
de jam [də schem]	*die Marmelade*
de honing [də hooning]	*der Honig*

Vor allem die leckeren Streusel, die man **hagelslag** [haachəlsslach] nennt, sollten Sie auf Ihr Butterbrot tun. Es gibt sie in verschiedenen Schokoladen- und Früchtesorten. Man isst sie auf einem **boterham** [bootərham], einer *Scheibe Brot*, bevorzugt zum Frühstück. Sie schmecken auch sehr gut auf **beschuit** [bəss-chöjt], runder *Zwieback*.

Wenn Sie Ihre eigene Tasche zum Einkaufen vergessen haben, können Sie in den Niederlanden fragen: **Heeft u een tasje?** [heeft üü ən taschə] und in Flandern: **Heeft u een zakje?** [heeft üü ən sakjə].

Wenn Sie dann gezahlt haben, bedanken Sie sich. Da der Verkäufer Sie sicher gerne wiedersehen möchte, sagt er:

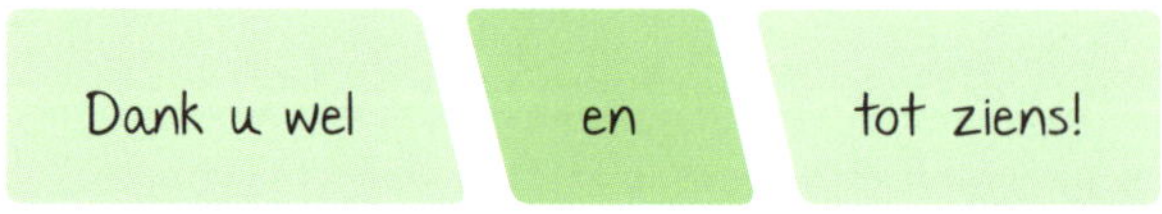

[dank üü wel en tot siinss]
Danke und auf Wiedersehen!

Jetzt sind Sie dran.

Üben Sie nun selbst den Einkaufsdialog. Die Sätze des Gemüsehändlers sind vorgegeben. Bilden Sie aus den Wörtern die richtige Antwort.

1. Goedemorgen! Wat mag het zijn?

graag | **een kilo uien** | **Ik wil** | **twee komkommers** | **en** | **.**

2. Anders nog iets?

alstublieft | **tomaten** | **een pond** | **Ja,** | **.**

3. Anders nog iets?

dank u, | **kost** | **hoeveel** | **Nee** | **het** | **?**

Lösung

1. Ik wil graag twee komkommers en een kilo uien./ Ik wil graag een kilo uien en twee komkommers.
2. Ja, een pond tomaten alstublieft.
3. Nee dank u, hoeveel kost het?

Jetzt sind Sie dran.

Hier sehen Sie wieder alle Wörter, die Sie in der Lektion neu gelernt haben. Wenn Sie die Wörter auswendig lernen möchten, sollten Sie übrigens unbedingt darauf achten, dass Sie sich in einer ruhigen Lernumgebung befinden. Sie sollten beim Lernen weder Radio hören, noch fernsehen, denn das stört die Konzentration. Lernen Sie Vokabeln portionsweise: jeden Tag zehn Minuten. Schreiben Sie die Vokabeln auf kleine Kärtchen.

TR. 17

boodschappen doen [bootss-chapə dun]	*einkaufen*
Wat mag het zijn? [wat mach hət säjn]	*Was darf es sein?*
alstublieft [alsstüübliift]	*bitte*
de kaas, de kazen [də kaass, də kaasə]	*der Käse, die Käse*
de neef, de neven [də neef, də neefə]	*der Neffe/Cousin, die Neffen/Cousins*
de stad, de steden [də sstat, də ssteedə]	*die Stadt, die Städte*
het kind, de kinderen [hət kint, də kindərə]	*das Kind, die Kinder*
het ei, de eieren [hət äj, də äjərə]	*das Ei, die Eier*
Anders nog iets? [andərss noch iitss]	*Sonst noch etwas?*
in de aanbieding [in də aanbiiding]	*im Angebot*
hebben [hebə]	*haben*
ik heb [ik hep]	*ich habe*
je hebt [jə hept]	*du hast*
u hebt/heeft [üü hept/heeft]	*Sie haben*
hij/ze heeft [häj/sə heeft]	*er/sie hat*
we hebben [wə hebə]	*wir haben*
jullie hebben [jülii hebə]	*ihr habt*
ze hebben [sə hebə]	*sie haben*

TR. 18

helaas [heelaass]	*leider*
het fruit [hət fröjt]	*das Obst*
de vrucht [də frücht]	*die Frucht*
de appel [də apəl]	*der Apfel*

de banaan [də baanaan]	*die Banane*
de peer [də peer]	*die Birne*
de sinaasappel [də ssiinaassapəl]	*die Orange*
de aardbei [də aartbäj]	*die Erdbeere*
de druif [də dröjf]	*die Traube*
de mandarijn [də mandaaräjn]	*die Mandarine*
de citroen [də ssiitrun]	*die Zitrone*
de kers [də kerss]	*die Kirsche*

TR. 19

de groente [də chruntə]	*das Gemüse*
de bloemkool [də blumkool]	*der Blumenkohl*
de sla [də sslaa]	*der Salat*
de wortel [də wortəl]	*die Karotte*
de prei [də präj]	*der Lauch*
de bonen [də boonə]	*die Bohnen*
de tomaat [də toomaat]	*die Tomate*
de aardappel [də aardapəl]	*die Kartoffel*
de ui [də öj]	*die Zwiebel*
de komkommer [də komkomər]	*die Salatgurke*
gram [chram]	*Gramm*
ons [onss]	*100 Gramm*
pond [pont]	*Pfund*
kilo [kiiloo]	*Kilo*
Hoeveel kost het? [hufeel kosst hət]	*Wie viel kostet es?*
hoeveel [hufeel]	*wie viel*
kosten [kosstə]	*kosten*
de prijs [də präjss]	*der Preis*
pinnen [pinə]	*mit Bankkarte zahlen*

TR. 20

dertien [dertiin]	*dreizehn*
veertien [feertiin]	*vierzehn*
vijftien [fäjftiin]	*fünfzehn*

zestien [sesstiin] *sechszehn*
zeventien [seefətiin] *siebzehn*
achttien [achtiin] *achtzehn*
negentien [neechətiin] *neunzehn*
twintig [twintəch] *zwanzig*
dertig [dertəch] *dreißig*
veertig [feertəch] *vierzig*
vijftig [fäjftəch] *fünfzig*
zestig [sesstəch] *sechzig*
zeventig [seefətəch] *siebzig*
tachtig [tachtəch] *achtzig*
negentig [neechətech] *neunzig*
honderd [hondərt] *einhundert*

TR. 21

levensmiddelen [leefəssmidələ] *Lebensmittel*
het brood [hət broot] *das Brot*
het bolletje [hət bolətjə] **(NL)** *das Brötchen*
het broodje [hət brootjə] *das Brötchen*
de worst [də worsst] *die Wurst*
de ham [də ham] *der Schinken*
het gehakt [hət chəhakt] *das Hackfleisch*
de kip [də kip] *das Hähnchen*
de boter [də bootər] *die Butter*
de olie [də oolii] *das Öl*
de melk [də melək] *die Milch*
de koffie [də kofii] *der Kaffee*
de thee [də tee] *der Tee*
de suiker [də ssöjkər] *der Zucker*
de bloem [də blum] *das Mehl*
de jam [də schem] *die Marmelade*
de honing [də hooning] *der Honig*
de hagelslag [də haachəlsslach] *die Streusel*

de boterham [də bootərham] *die Scheibe Brot*
de beschuit [də bəss-chöjt] *der Zwieback*
tot ziens [tot siinss] *auf Wiedersehen*

Sie können nun alles einkaufen, was Sie für das tägliche Leben benötigen. Hören Sie sich den vollständigen Text an.

TR. 22

- ● Goedemorgen, wat mag het zijn?
- ○ Ik wil graag twee appels en drie bananen.
- ● Anders nog iets? De bloemkool is in de aanbieding!
- ○ Hebt u aardbeien?
- ● Helaas hebben we geen aardbeien.
- ○ Hoeveel kost het?
- ● Het kost 4 euro 95.
- ○ Dank u wel en tot ziens!

Und nun hier noch ein paar Bausteine, um sagen zu können, was und wie viel Sie gerne hätten.

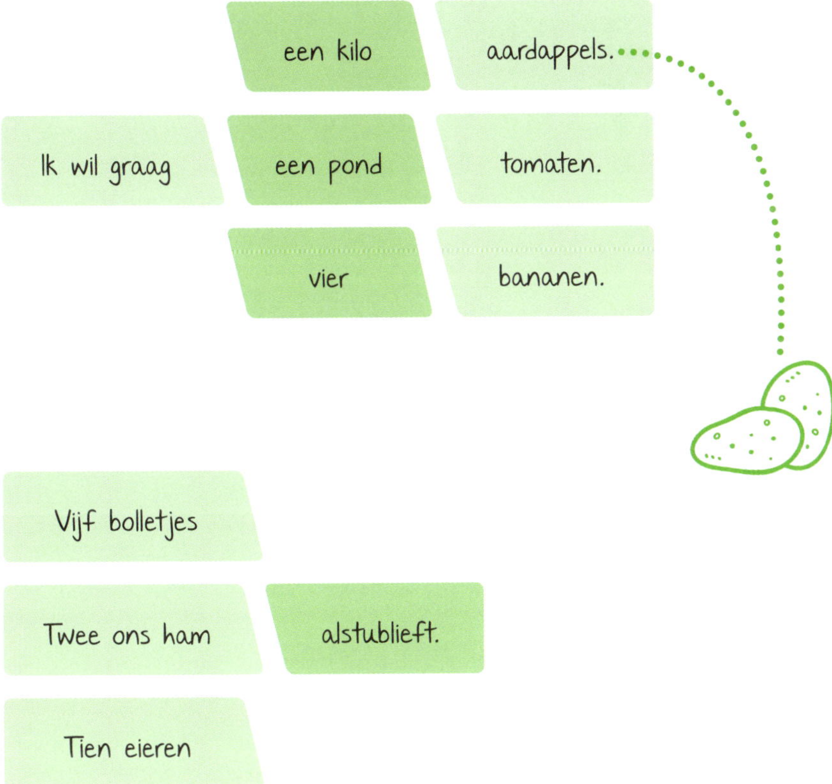

5 OP EEN TERRASJE

IM STRASSENCAFÉ

Niederländer und Flamen gehen gerne ins Straßencafé. Sie treffen sich mit Freunden, sie trinken oder essen eine Kleinigkeit und schauen sich die vorbeigehenden Menschen an. Leider ist das Wetter in den Niederlanden oder Flandern nicht immer ideal, um draußen zu sitzen, aber viele Straßencafés haben eine Überdachung oder Decken und Heizpilze, so dass diesem beliebten Zeitvertreib nichts im Wege steht. Besuchen Sie doch auch mal so ein Straßencafé!

Wat mag het zijn?
Was darf es sein?

kopje koffie
Tässchen Kaffee

dank u
danke

menukaart
Speisekarte

bier
Bier

Auf dem Markt begegnen Sie Ihrer **buurvrouw** [büürfrau] *Nachbarin* vom Campingplatz. Sie sagt Ihnen folgendes:

[ik heb sin in ən kopjə kofii]
Ich habe Lust auf ein Tässchen Kaffee.

Sicher ist es Ihnen schon aufgefallen, dass im Niederländischen viele Wörter auf **-je** enden. Mit dieser Endung wird ausgedrückt, dass etwas klein ist, aber viel öfter wird mit der Endung **-je** ausgedrückt, dass etwas angenehm oder gemütlich ist. So wird aus **kop** [kop] *Tasse* die Verkleinerungsform **kopje** [kopjə] *Tässchen*. Viele Wörter werden nur noch in der Verkleinerungsform verwendet, wie beispielsweise **meisje** [mäjschə] *Mädchen*.

Niederländer gehören zu den stärksten Kaffeetrinkern der Welt. *Die Tassen*, **de kopjes** [də kopjəss] sind zwar kleiner als die Tassen in Deutschland, aber hier wird mit der Verkleinerungsform vor allem ausgedrückt, dass das gemeinsame Kaffeetrinken **heel gezellig** [heel chəseləch] *urgemütlich* ist. Niederländer fangen beim Frühstück mit dem ersten Kaffee an und trinken ihren letzten Kaffee bei den 20-Uhr-Nachrichten vorm Fernseher oder sogar noch später. Wenn Sie Niederländer zu Hause besuchen, wird Ihnen sofort **een kopje koffie** [ən kopjə kofii] *ein Tässchen Kaffee* angeboten.

Ihre **buurvrouw** [büürfrau] macht Ihnen folgenden Vorschlag:

Zullen we | een terrasje pakken?

[sülə wə ən təraschə pakə]
Wollen wir ein Straßencafé besuchen?

Auch hier kann das Straßencafé sehr groß sein, die Verkleinerungsform betont nur die Gemütlichkeit eines solchen Cafés. **pakken** [pakə] heißt buchstäblich *greifen*. **Een terrasje pakken** [ən təraschə pakə] ist jedoch ein fester Ausdruck, den Sie benutzen, wenn Sie gerne mit jemandem ein Straßencafé besuchen möchten.

Wenn Sie einen Vorschlag machen möchten, dann machen Sie das mit dem Baustein **zullen we** [sülə wə] was eigentlich *sollen wir* heißt. Auf Deutsch sagt man eher weniger direkt *wollen wir*.

Jetzt sind Sie dran.

Reagieren Sie auf die jeweilige Aussage mit einem Vorschlag und benutzen Sie dazu die vorgegebenen Wörter. Fangen Sie Ihre Vorschläge immer mit **Zullen we...** an und benutzen Sie die folgenden Ausdrücke:

ons voorstellen | **bananen kopen** | **naar het strand gaan** | **een bal meenemen** |

1. Es ist schönes Wetter.

2. Ich habe etwas Hunger.

3. Ich möchte am Strand spielen.

4. Schau mal, wir haben neue Nachbarn!

Lösung
1. Zullen we naar het strand gaan?
2. Zullen we bananen kopen?
3. Zullen we een bal meenemen?
4. Zullen we ons voorstellen?

Sie haben ein schönes Straßencafé gefunden und setzen sich dorthin. Es dauert nicht lange, da kommt auch schon die Bedienung.

Hallo, | zeg | het maar.

[haloo, sech hət maar]
Hallo, was darf es sein?

Eigentlich sagt die Bedienung wörtlich *sagen Sie es*. Im Deutschen ist es üblich, etwas weniger direkt *was darf es sein* zu fragen. Seien Sie nicht überrascht, wenn Sie auch hier geduzt werden. Sie sind nämlich jetzt an einem Ort, wo es ganz entspannt zugeht und wo sich jeder gut und zu Hause fühlen soll und zu Hause werden Sie doch auch geduzt! Die Bedienung hätte natürlich genauso wie auf dem Markt **Wat mag het zijn?** [wat mach hət säjn] sagen können. Sie möchten aber zuerst einmal schauen, was es alles gibt und deshalb fragen Sie nach der Speisekarte:

Mag ik de menukaart?

[mach ik də mənüükaart]
Darf ich die Speisekarte?

Die Bedienung bringt Ihnen die Speisekarte. In einem Straßencafé oder wie die Niederländer sagen **op een terrasje** [op ən təraschə] kann man etwas trinken oder essen. Das Wort **café** [kaafee] gibt es im Niederländischen auch, aber hiermit ist eine *Kneipe* gemeint. Ein **bruin café** [bröjn kaafee] ist zum Beispiel sehr typisch für Amsterdam. Sie heißen so, weil die Farbe **bruin** [bröjn] *braun* in diesen Kneipen überwiegt. Die Wände haben dunkle Holztäfelungen und als früher noch geraucht werden durfte, waren sogar Vorhänge und gehäkelte Tischdecken vom Rauch bräunlich gefärbt. Verwechseln Sie ein **café** nicht mit einem **koffieshop** [kofiischop]. Hier gibt es zwar auch Kaffee, aber diese Lokale dürfen in den Niederlanden auch kleine Mengen Marihuana für den Eigenverbrauch verkaufen.

Die Bedienung kommt zurück, um die Bestellung aufzunehmen und fragt:

[wat will üü drinkə]
Was möchten Sie trinken?

Vielleicht klingt diese Frage etwas direkt und fordernd für Sie. Im Deutsch verwendet man hier nämlich den Konjunktiv *möchten*. Diese Form wird im Niederländischen kaum noch verwendet und deshalb fragt man einfach ganz direkt. Dies wird nicht als unhöflich empfunden.

Sie können nun wieder mit **ik wil graag een kopje koffie** [ik wil chraach ən kopjə kofii] *ich möchte ein Tässchen Kaffee* oder **een kopje koffie alstublieft** [ən kopjə kofii alsstüübliift] *ein Tässchen Kaffee bitte* bestellen, aber es gibt noch eine Variante:

Ik neem | een kopje koffie.

[ik neem ən kopjə kofii]
Ich nehme ein Tässchen Kaffee.

Sie möchten vielleicht lieber ein anderes Getränk bestellen. Hier ist eine Liste mit den Getränken, die Sie in einem Straßencafé bestellen können:

koffie [kofii]	*Kaffee*
koffie verkeerd [kofii fərkeert]	*Kaffee mit warmer Milch*
thee [tee]	*Tee*
chocolademelk [schookoolaadəmelək]	*Schokoladenmilch*
karnemelk [karnəmelək]	*Buttermilch*
water [waatər]	*(Mineral)Wasser*
sap [ssap]	*Saft*
frisdrank [frissdrank]	*Erfrischungsgetränk*
bier [biir]	*Bier*
pils [pilss]	*Pils*
wijn [wäjn]	*Wein*

Oft steht der Markenname des Mineralwassers in Kombination mit einer Farbe auf der Karte. Die Farbe Rot steht immer für kohlensäurehaltiges und Blau für stilles Wasser. Bei den **sappen** [ssapə] *Säften* kann **vers geperst** [ferss chəpersst] stehen, dann ist der Saft *frisch gepresst*. Natürlich gibt es auch hier verschiedene Sorten. Die bekannteste ist wohl **sinaasappelsap** [ssiinaassapəlssap], *Orangensaft*, der auch oft auf Französisch auf der Karte steht: **jus d'orange** [schüü dooransch]. In Flandern heißt der Orangensaft allerdings **appelsiensap** [apəlssiinssap]. Obwohl in Flandern auch Niederländisch gesprochen wird, sind hier einige Wörter anders.

Wein kann man in verschiedenen Farben bestellen: **rood** [root] *rot* oder **wit** [wit] *weiß* oder in den jeweiligen Geschmacksrichtungen **droog** [drooch] *trocken* oder **zoet** [sut] *lieblich*. Bier bekommt man in den Niederlanden in kleinen Gläsern mit 200 ml, es wird dann auch **biertje** [biirtjə] oder **pilsje** [pilschə] genannt. In Flandern haben Sie eine große Auswahl. Es gibt mehr als 300 verschiedene Biersorten. Hier wird sogar für besondere Anlässe gerne ein neues Bier gebraut.

Wir führen Sie nun in die Welt der **kleuren** [klörə] *Farben* ein.

rood [root] *rot*
oranje [ooranjə] *orange*
geel [cheel] *gelb*
groen [chrun] *grün*
blauw [blau] *blau*
paars [paarss] *lila*
wit [wit] *weiß*
zwart [swart] *schwarz*
grijs [chräjss] *grau*
bruin [bröjn] *braun*

Wussten Sie, dass Orange in den Niederlanden die Nationalfarbe ist, weil der Nachname des Königs der Niederlande **van Oranje** Ist?

Jetzt sind Sie dran.

Wir machen ein kleines Farbquiz! Beantworten Sie dazu die folgenden Fragen auf Niederländisch.

Welke kleur(en) heeft...

1. de Nederlandse vlag? *(Fahne)*

2. een citroen?

3. een café in Amsterdam?

4. prei?

Lösung
1. rood-wit-blauw
2. geel
3. bruin
4. groen

Im Straßencafé kann man auch etwas essen. Es werden oft kleine warme oder kalte Gerichte angeboten. Die Bedienung wird Sie also fragen:

[wilt üü ook iitss eetə]
Möchten Sie auch etwas essen?

Eine letzte Variante, um etwas zu bestellen, ist der Baustein **doe mij maar** [du mäj maar] *geben Sie mir*:

[du mäj maar ən warm apəlchəbak en foor mən friindin ən lekərə waafəl]
Geben Sie mir einen warmen Apfelkuchen und für meine Freundin eine leckere Waffel.

Wie Sie sehen, enden viele Adjektive, wie hier **lekker** [lekər] auf ein **e**: **een lekkere wafel** [ən lekərə waafəl]. In manchen Fällen wird das **-e** jedoch weggelassen: **een warm appelgebak** [warm apəlchəbak]. Dies passiert immer, wenn das Adjektiv vor einem **het**-Wort und gleichzeitig vor dem Adjektiv ein unbestimmter Artikel, also **een** [ən] steht. Wenn jedoch ein bestimmter Artikel, also **het** [hət] verwendet wird, bekommt das Adjektiv vor dem **het**-Wort wieder ein **-e**: **het warme appelgebak** [hət warmə apəlchəbak]. Vor den **de**-Wörtern bekommt das Adjektiv immer ein **-e**: **een lekkere wafel** [ən lekərə waafəl] und **de lekkere wafel** [də lekərə waafəl].

Jetzt sind Sie dran.

Wählen Sie die richtige Form des Adjektivs in den folgenden Sätzen!

1. Ik neem het warm/warme appelgebak.
2. Een rood/rode wijn alstublieft.
3. Ik wil graag een lekker/lekkere wafel.
4. Doe mij maar een klein/kleine pilsje.
5. Een warm/warme chocolademelk graag.

Lösung
1. warme
2. rode
3. lekkere
4. klein
5. warme

Möchten Sie lieber etwas anderes essen? Hier sind noch einige Gerichte, die Sie oft auf der Menükarte eines Straßencafés finden:

belegd broodje [bəlecht brootjə] *belegtes Brötchen*
tosti [tosstii] *Toast*
uitsmijter [öjtssmäjtər] *strammer Max*
soep [ssup] *Suppe*
salade [ssaalaadə] *Salat*
patat [patat]/ **friet** [friit] *Pommes*
bitterballen [bitərbalə] *frittierte Ragoutbällchen*
appelgebak [apəlchəbak] *ein Stück Apfelkuchen*
wafel [waafəl] *Waffel*

Sie sehen, dass es zwei Wörter für Pommes gibt. Ursprünglich hießen Pommes **patat friet** [patat friit]. Im Norden hat man das gekürzt zu **patat** und im Süden sagt man eher **friet**. Die Flamen holen ihre Pommes an einem **frietkraam** [friitkraam] *Frittenbude*. Frittierte Gerichte sind vor allem bei den Niederländern beliebt. Es gibt überall Imbissbuden, wo man solche Gerichte essen oder abholen kann. Es gibt zu den Pommes viele verschiedene Soßensorten, aber **mayonaise** [maajoonese] *Mayonnaise* und **pindasaus** [pindassauss] *Erdnusssoße* gehören zu den beliebtesten Soßen. Mayonnaise ist sogar fast eine Selbstverständlichkeit, denn wenn Sie **patat met** [patat met] *Pommes mit* bestellen, bekommen Sie automatisch Mayonnaise dazu.

Bitterballen [bitərbalə] sind auch frittiert. Das sind kleine Bällchen aus Ragout, die in Mehl, Ei und Paniermehl gewendet und anschließend frittiert werden. Sie bekommen sie mit **mosterd** [mosstərt] *Senf* serviert und sind sehr beliebt als kleine Beilage zu einem Bier oder Glas Wein.

Die Bedienung bringt Ihnen die Getränke und das Essen und wünscht Ihnen guten Appetit:

Eet smakelijk.

[eet ssmaakələk]
Guten Appetit.

Dies können Sie auch andersherum sagen: **smakelijk eten** [ssmaakələk eetə]. Sicherlich ist es Ihnen schon aufgefallen, dass das letzte **n** bei Wörtern, die auf **-en** enden, immer in der Aussprache fehlt. Dieser Buchstabe wird einfach verschluckt, nur im äußeren Norden hören Sie noch das **n**.
Ein **tosti** ist übrigens ein Toast mit **kaas** [kaass] *Käse* und **ham** [ham] *Schinken*. Es gibt auch andere Varianten, wie beispielsweise mit **ananas** [ananass] oder **tomaat** [toomaat].

Bevor Sie wieder zum Campingplatz zurückgehen, müssen Sie natürlich noch bezahlen.

Kunnen we afrekenen?

[künə wə afreekənə]
Wir möchten bezahlen.

Sie sagen hier eigentlich *können wir abrechnen. Wir möchten bezahlen* können Sie natürlich auch im Niederländischen sagen: **we willen graag betalen** [wə wilə chraach bətaalə]. Es ist nicht sehr üblich, dass jeder für sich bezahlt. Oft übernimmt eine Person die Rechnung und beim nächsten Mal bezahlt dann die andere.
In den Niederlanden ist es üblich, ein *Trinkgeld*, **fooi** [fooi] zu geben. Sie können dann aufrunden und sagen **de rest is voor u** [də resst iss foor üü], *der Rest ist für Sie*. In Flandern lässt man nur etwas liegen, wenn man mit der Bedienung sehr zufrieden war. Das Trinkgeld ist normalerweise im Preis mitberechnet.

Jetzt sind Sie dran.

Sie besuchen ein Straßencafé mit einem Freund. Üben Sie nun selbst das Gespräch zwischen der Bedienung, Ihrem Freund und Ihnen. Stellen Sie dazu die folgenden Sätze in die richtige Reihenfolge, es gibt mehrere Möglichkeiten.

1. Ik neem een karnemelk.

2. Zeg het maar.

3. Kunnen we afrekenen?

4. Doe mij maar een kopje thee.

5. Alstublieft en eet smakelijk!

6. En jij?

7. Goedemorgen!

8. Nee, dank je wel.

9. Ik wil graag een belegd broodje.

10. Willen jullie ook iets eten?

Lösung
7, 2, 4, 6, 1, 10, 8, 9, 5, 3
oder **7, 2, 1, 6, 4, 10, 9, 8, 5, 3**

Jetzt sind Sie dran.

Hier finden Sie nun alle Wörter, die Sie in dieser Lektion gelernt haben. Am besten lernen Sie nicht alle auf einmal, sondern nehmen Sie sich immer nur einen Abschnitt vor, bis Sie sich die Wörter merken können. Gehen Sie erst dann zum nächsten Abschnitt. Wiederholen Sie die Wörter, indem Sie die deutsche Seite abdecken. Überlegen Sie, wie die Wörter jeweils auf Deutsch heißen und decken Sie dann die deutsche Bedeutung auf. Wenn das klappt, machen Sie es anders herum.

TR. 23

op een terrasje [op ən tərascho]	*in einem Straßencafé*
Ik heb zin in [ik hep sin in]	*Ich habe Lust auf*
een kopje koffie [ən kopjə kofii]	*eine Tässchen Kaffee*
het kopje [hət kopjə]	*das Tässchen*
de kop [də kop]	*die Tasse*
zullen we [sülə wə]	*wollen wir*

5 OP EEN TERRASJE

een terrasje pakken [ən təraschə pakə]	*ein Straßencafé besuchen*
het terras [hət tərass]	*die Terrasse*
gezellig [chəseləch]	*gemütlich*
het meisje [hət mäjschə]	*das Mädchen*
Zeg het maar. [sech hət maar]	*Was darf es sein?*
de menukaart [də mənüükaart]	*die Speisekarte*
het café [hət kaafee]	*die Kneipe*
de koffieshop [də kofiischop]	*ein Lokal, wo legal kleine Mengen Marihuana verkauft werden*

TR. 24

drinken [drinkə]	*trinken*
koffie verkeerd [kofii fərkeert]	*Kaffee mit warmer Milch*
de chocolademelk [də schookoolaadəmelək]	*die Schokoladenmilch*
de karnemelk [də karnəmelək]	*die Buttermilch*
het water [hət waatər]	*das Wasser*
het sap [hət ssap]	*der Saft*
de frisdrank [də frissdrank]	*das Erfrischungsgetränk*
het bier [hət biir]	*das Bier*
het biertje [hət biirtjə]	*das Bier*
de pils [də pilss]	*das Pils*
het pilsje [hət pilsche]	*das Pils*
de wijn [də wäjn]	*der Wein*
het sinaasappelsap [hət ssiinaassapəlssap]	*der Orangensaft*
de jus d'orange [də schüü dooransch]	*der Orangensaft*
het appelsiensap [hət apəlssiinssap] **(B)**	*der Orangensaft*
vers geperst [ferss chəpersst]	*frisch gepresst*
droog [drooch]	*trocken*
zoet [sut]	*lieblich*

TR. 25

de kleuren [də klörə]	*die Farben*
rood [root]	*rot*
oranje [ooranjə]	*orange*
geel [cheel]	*gelb*

groen [chrun] *grün*
blauw [blau] *blau*
paars [paarss] *lila*
wit [wit] *weiß*
zwart [swart] *schwarz*
grijs [chräjss] *grau*
bruin [bröjn] *braun*

TR. 26

Wilt u ook iets eten? [wilt üü ook iitss eetə] *Möchten Sie auch etwas essen?*
ook [ook] *auch*
iets [iitss] *etwas*
eten [eetə] *essen*
lekker [lekər] *lecker*
belegd broodje [bəlecht brootjə] *belegtes Brötchen*
de tosti [də tosstii] *der Toast*
de uitsmijter [də öjtssmäjtər] *der stramme Max*
de soep [də sup] *die Suppe*
de salade [də ssaalaadə] *der Salat*
de patat [də patat] *die Pommes*
de friet [də friit] *die Pommes*
de bitterbal [də bitərbal] *frittiertes Ragoutbällchen*
het appelgebak [hət apəlchəbak] *ein Stück Apfelkuchen*
de wafel [də waafəl] *die Waffel*
de frietkraam [də friitkraam] *die Frittenbude*
patat met [patat met] *Pommes mit Mayonnaise*
de mayonaise [də maajoonese] *die Mayonnaise*
de pindasaus [də pindassauss] *die Erdnusssoße*
de mosterd [də mosstərt] *der Senf*

TR. 27

doe mij maar [du mäj maar] *geben Sie mir*
de vriendin [də friindin] *die Freundin*
eet smakelijk [eet ssmaakələk] *guten Appetit*
smakelijk eten [ssmaakələk eetə] *guten Appetit*

kunnen [künə] *können*
ik kan [ik kan] *ich kann*
je kan/kunt [jə kan/künt] *du kannst*
u kunt [üü künt] *Sie können*
hij/ze kan [häj/sə kan] *er/sie kann*
we kunnen [wə künə] *wir können*
jullie kunnen [jülii künə] *ihr könnt*
ze kunnen [sə künə] *sie können*
afrekenen [afreekənə] *abrechnen*
de fooi [də fooi] *das Trinkgeld*
de rest [də resst] *der Rest*

Sie können nun vorschlagen, irgendwohin zu gehen und Sie können sich etwas zu essen und trinken in einem Straßencafé bestellen. Hören Sie sich den ganzen Dialog hier noch einmal an.

TR. 28

- ○ Ik heb zin in een kopje koffie. Zullen we een terrasje pakken?
- ● Hallo, zeg het maar.
- ○ Mag ik de menukaart?
- ● Wat wilt u drinken?
- ○ Ik neem een kopje koffie.
- ● Wilt u ook iets eten?
- ○ Doe mij maar een warm appelgebak en voor mijn vriendin een lekkere wafel.
- ● Eet smakelijk.
- ○ Kunnen we afrekenen?

Hier sehen Sie noch einige Bausteine, mit deren Hilfe Sie ganz leicht etwas vorschlagen und bestellen können.

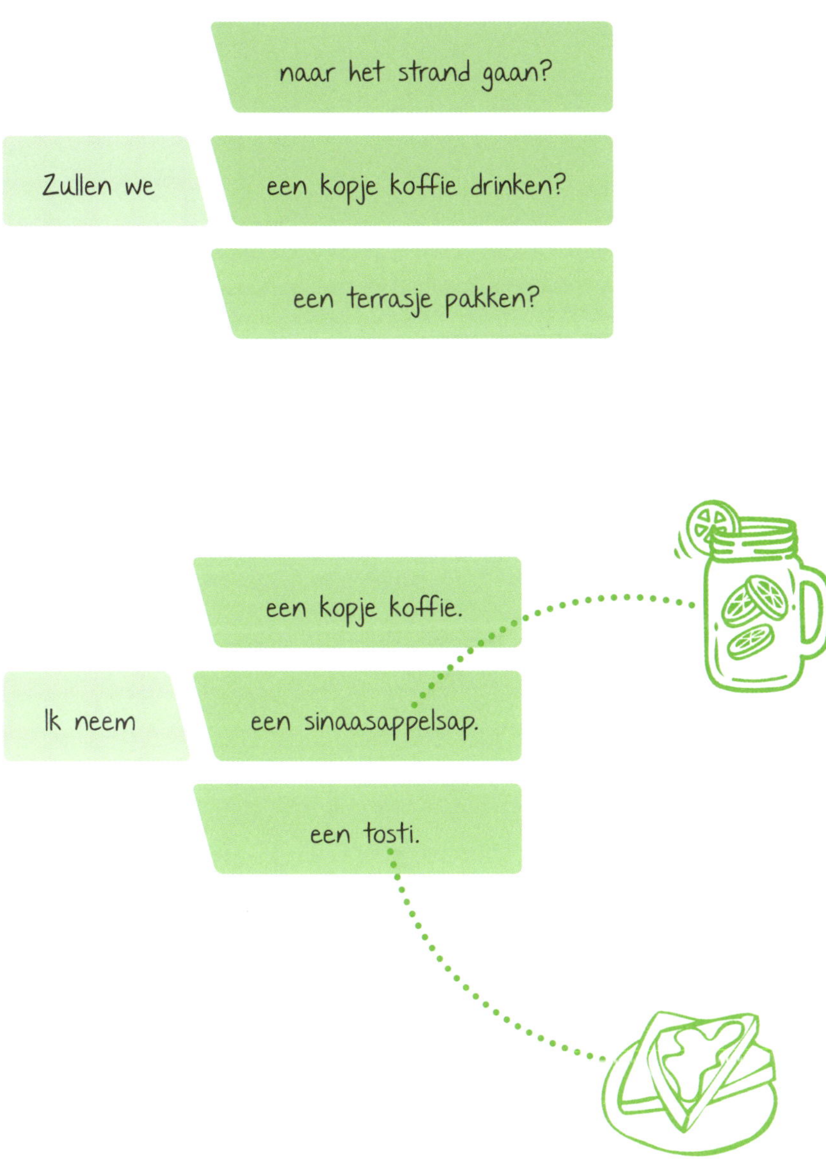
Zullen we
naar het strand gaan?
een kopje koffie drinken?
een terrasje pakken?
Ik neem
een kopje koffie.
een sinaasappelsap.
een tosti.

6 UIT ETEN
ESSEN GEHEN

Sicherlich wollen Sie nicht immer nur kochen, wenn Sie im Urlaub sind, sondern auch mal richtig schön essen gehen. In Flandern gibt es nicht nur am Meer sehr gute Fischrestaurants mit köstlichen Miesmuscheln. In den Niederlanden sind Pfannkuchenrestaurants sehr beliebt. Am besten reservieren Sie sich vorher einen Tisch, damit Sie immer einen Platz bekommen.

U spreekt met ...
Sie sprechen mit ....

reserveren
reservieren

restaurant
Restaurant

mosselen
Miesmuscheln

voorgerecht
Vorspeise

nagerecht
Nachspeise

pannenkoeken
Pfannkuchen

Wenn Sie essen gehen möchten, dann nennt man das im Niederländischen **uit eten gaan** [öjt eetə chaan]. Sie sagen also wörtlich, dass Sie *aus essen gehen*. Neben vielen indonesischen Restaurants - Indonesien ist eine frühere Kolonie der Niederlande - finden Sie in den Niederlanden auch sehr viele Pfannkuchenrestaurants. Auf jeden Fall sollten Sie immer einen Tisch reservieren, auch wenn nicht Urlaubszeit ist. Rufen Sie doch einfach an! Sie hören zuerst die Begrüßung und den Namen des Restaurants:

Goedemiddag, Pannenkoekenrestaurant De Molen.

[chudəmidach panəkukəresstaurant də moolə]
Guten Tag, Pfannkuchenrestaurant De Molen.

Dieses Restaurant hat den typisch niederländischen Namen **De Molen** [də moolə], *die Windmühle*. Im Niederländischen kann man auch **windmolen** [wintmoolə] sagen, aber da es in den niederen Landen sehr oft weht, ist der Wind logisch und wird meistens weggelassen. Wussten Sie, dass die Windmühlen hauptsächlich für das Wegpumpen von Wasser eingesetzt werden? Ohne sie würde fast ein Drittel der Niederlande und sechs Prozent von Flandern unter Wasser stehen.

Der Mitarbeiter des Restaurants meldet sich mit seinem Namen, damit Sie wissen, wer am Apparat ist:

Je spreekt met Gerben.

[jə sspreekt met cherbə]
Du sprichst mit Gerben.

Sie sehen, dass der Mitarbeiter sich nur mit Vornamen meldet. Pfannkuchenrestaurants sind vor allem bei Familien mit Kindern sehr beliebt. Die Atmosphäre ist sehr freundschaftlich und locker, deshalb wird auch dort oft geduzt.
Je spreekt [jə sspreekt] *du sprichst* oder in der höflicheren Form **u spreekt** [üü sspreekt] *Sie sprechen* wird allerdings meistens einfach weggelassen. Man meldet sich dann am Telefon nur mit dem kurzen **met** [met] *mit*, gefolgt von seinem Namen. Sie können sich nun auch nur mit Ihrem Vornamen melden. Sie dürfen allerdings das **met** nicht weglassen:

[met julia. ik wil foor seevə üür ən taafəl reesserfeerə]
Mit Julia. Ich möchte für sieben Uhr einen Tisch reservieren.

Wie Sie schon im vorigen Kapitel gelernt haben, können Sie beruhigt ganz direkt fragen, denn hier sagen Sie wörtlich *ich will einen Tisch reservieren*. Das Verb **willen** [wilə] kann sowohl *wollen* als auch *möchten* heißen.

Dat kan.

[dat kan]
Das geht.

Eigentlich sagt Gerben *das kann*, also im Sinne von *das ist möglich*. Auf Deutsch sagt man eher *das geht*.
Die Verben **kunnen** [künə] *können* und **willen** [wilə] *wollen/möchten* gehören zu den sogenannten Modalverben. Sie kennen bereits das Modalverb **mogen** [moochə] *dürfen* aus Kapitel zwei. Es gehört auch noch **moeten** [mutə] *müssen/sollen* dazu. Die Modalverben werden, wie im Deutschen, oft mit einem Infinitiv verbunden, wie hier mit **reserveren** [reesserfeerə] *reservieren*: **ik wil reserveren** [ik wil reesserfeerə] *ich möchte reservieren*.
Die Modalverben können aber auch selbstständig, also ohne Infinitiv genutzt werden. Der Satz muss dann noch verständlich sein, wie im folgenden Beispiel: **ik wil een kopje koffie** [ik wil ən kopjə kofii] *ich möchte eine Tasse Kaffee* oder wie im Dialog hier oben: **dat kan** [dat kan] *das geht*.
Die Modalverben lassen sich außerdem sehr leicht konjugieren. Es gibt nur eine Form für Singular und eine für Plural, wie Sie in der Tabelle sehen können:

	Singular	Plural
	ik, je, u, hij, ze	**we, jullie, ze**
willen [wilə] *wollen*	**wil** [wil]	**willen** [wilə]
mogen [moochə] *dürfen*	**mag** [mach]	**mogen** [moochə]
kunnen [künə] *können*	**kan** [kan]	**kunnen** [künə]
moeten [mutə] *müssen*	**moet** [mut]	**moeten** [mutə]

Sehen Sie, wie sich manchmal die Vokale in den einzelnen Formen ändern?

Lediglich für die Verben **willen** und **kunnen** gibt es noch eine zweite Form für die zweite Person im Singular: **je/u wilt** [jə/üü wilt], **je/u kunt** (jə/üü künt).

Jetzt sind Sie dran.

Welches Modalverb passt in den folgenden Sätzen?

1. ik me even voorstellen, mijn naam is Marjolijn Dekkers.

2. Hij geen appels meenemen, hij heeft geen geld.

3. je met mij een kopje koffie drinken?

4. Ik om half zes op de camping zijn, dan eten we.

Lösung
1. Mag, **2.** kan, **3.** Wil, **4.** moet

Gerben möchte wissen, mit wie vielen Personen Sie kommen.

[foor hufeel perssoonə]
Für wie viele Personen?

Sie können dann antworten:

[wə koomə met zən fiirə]
Wir kommen zu viert.

Wörtlich heißt **met z'n vieren** [met sən fiirə] *mit sein vieren*. Das **ij** wird in diesem festen Ausdruck weggelassen und durch einen Apostroph ersetzt, denn eigentlich heißt **z'n**: **zijn** [säjn] *sein*.

Sie können auch eine andere Zahl nehmen und diese mit **en** verlängern: **met z'n drieën** [met zən driiə] *zu dritt*. Oder wenn alle mitkommen wollen: **met z'n allen** [met sən alə], nur sagt man dann im Deutschen eher: *wir kommen alle*.

Sehen Sie die zwei Pünktchen auf dem zweiten **e** von **drieën**? Sie stehen auch bei **met z'n tweeën** [met sən tweejə] *zu zweit*. Die zwei Pünktchen sind kein Umlaut, man braucht sie als Zeichen für die richtige Aussprache. Vor den Pünktchen machen Sie eine kleine Atempause, bevor Sie weitersprechen. Außerdem liest es sich leichter, denn drei **e's** hintereinander ergeben eigentlich wenig Sinn. Versuchen Sie es mal mit **met z'n tweeën**. Sagen Sie zuerst **met z'n twee** [met sən twee], atmen Sie kurz ein und sagen Sie dann den Schlusslaut **en** [ə]. Ohne die Pünktchen würden Sie hier sonst nur ein ganz langes **ee** aussprechen.
Wenn Sie übrigens alleine kommen möchten, sagen Sie: **ik kom in m'n eentje** [ik kom in mən eentjə], wörtlich: *ich komme in meinem Einchen*. Hier wird das **z'n** [sən] an die Ich-Person angepasst und ist **m'n** [mən], die Kurzform für **mijn** [mäjn] *mein*.

Jetzt sind Sie dran.

Üben Sie nun selbst den Dialog: Rufen Sie bei einem Restaurant an und reservieren Sie einen Tisch. Die Sätze der Restaurantmitarbeiterin sind vorgegeben. Bilden Sie aus den Satzbausteinen die richtige Antwort.

1. Goedenavond, Restaurant Zeezicht, u spreekt met Anne Maes.

ik wil | **met Ruud,** | **een tafel** | **Hallo** | **reserveren.**

2. Voor hoeveel personen?

met | **We komen** | **zessen.** | **z'n**

3. Hoe laat wilt u komen?

komen. | **om** | **We willen** | **half acht**

Lösung

1. Hallo met Ruud, ik wil een tafel reserveren.
2. We komen met z'n zessen.
3. We willen om half acht komen.

Mittlerweile ist es Abend geworden, und Sie möchten, bevor Sie ins Restaurant gehen, zuerst noch **borrelen** [borələ]. So nennt man es, wenn Sie einen Aperitif oder ein anderes, meist alkoholisches Getränk trinken und sich dazu vielleicht eine Kleinigkeit zum Essen bestellen. Wie wäre es mit einer **portie kaas** [porssii kaass] *Portion Käsewürfel* oder **bitterballen** [bitərbalə], um den Appetit anzuregen?

Inzwischen haben Sie bestimmt Appetit auf einen leckeren Pfannkuchen bekommen und Sie können nun bestellen, wie Sie im vorherigen Kapitel bereits gelernt haben. In einem Pfannkuchenrestaurant kann man alle Arten von Pfannkuchen bestellen. Diese Pfannkuchen sind so groß wie eine Pizza und der Belag kann *süß* **zoet** [sut] oder *herzhaft* **hartig** [hartəch] oder sogar eine Kombination dieser beiden Geschmacksrichtungen sein. Ein Pfannkuchen ohne mitgebackenen Belag nennt man **naturel** [natüürel] und man bekommt dazu **stroop** [sstroop] *Sirup* oder **suiker** [ssöjkər] *Zucker* serviert. Ob Sie nun **appel en rozijn** [apəl en roosäjn] *Apfel und Rosine* oder doch lieber **ham**

en kaas [ham en kaass] *Schinken und Käse* auf Ihren Pfannkuchen möchten, alles ist möglich.
Es gibt aber noch eine köstliche Spezialität, die oft in Pfannkuchenrestaurants angeboten wird: **poffertjes** [pofərtjəss]. Das sind sehr kleine Pfannkuchen, die in einer gusseisernen Pfanne mit kleinen Mulden gebacken werden. Sie können sie als eine **portie** [porssii] *Portion* bestellen und am besten mit **boter** [bootər] *Butter* und **poedersuiker** [pudərssöjkər] *Puderzucker* essen. Diese köstlichen Pfannküchlein machen nicht nur den Kindergeburtstag zu einem unvergesslichen Erlebnis!

Willen jullie | een nagerecht?

[wilə jülii ən naachərecht]
Möchtet ihr eine Nachspeise?

Eine **nagerecht** [naachərecht] *Nachspeise* wird auch **dessert** [dəsser] oder **toetje** [tutjə] genannt. Der wohl bekannteste und beliebteste Nachtisch in den Niederlanden ist **vla** [flaa]. Das ist eine Art Pudding, der nicht ganz so fest, sondern eher dickflüssig ist. Es gibt **vla** in vielen Geschmacksrichtungen, beispielsweise **vanille** [faniijə] *Vanille*, **chocolade** [schookoolaadə] *Schokolade* oder **hopjes** [hopjəs] *Karamell*. Aber **vla** kauft man im Supermarkt und isst man zu Hause. Im Restaurant gibt es oft Eis.
Wenn Sie großen Hunger haben, können Sie natürlich auch eine **voorgerecht** [foorcherecht] *Vorspeise* bestellen. Aber denken Sie daran: Pfannkuchen sind sehr mächtig!

We nemen | een ijscoupe.

Mogen we een extra lepel hebben?

[wə neemə ən äjsskup. moochə wə ən eksstraa leepəl hebə]
Wir nehmen einen Eisbecher. Dürfen wir einen extra Löffel haben?

Da die Pfannkuchen recht groß sind und viel Belag haben, werden Sie wahrscheinlich nur einen essen und keinen Platz mehr für eine Nachspeise haben. Sie können dann um einen **extra lepel** [eksstraa leepəl] *extra Löffel* bitten, damit Sie die Nachspeise mit jemandem teilen können.

Was sonst noch so auf dem Tisch liegt, finden Sie in der folgenden Übersicht:

lepel [leepəl]	*Löffel*
vork [forək]	*Gabel*
mes [mess]	*Messer*
bord [bort]	*Teller*
servet [sserfet]	*Serviette*
glas [chlass]	*Glas*
schaal [ss-chaal]	*Schüssel*

Wenn Sie die Nachspeise bekommen haben und Sie um die Rechnung bitten, wird die Bedienung Sie noch fragen:

Heeft het gesmaakt?

[heeft hət chəssmaakt]
Hat es geschmeckt?

Sie hätte auch sagen können: **Was alles naar wens?** [wass aləss naar wenss] *War alles nach Wunsch?*, so wie Sie es auf Deutsch gewohnt sind.

Het was heel lekker!

[hət wass heel lekər]
Es war sehr lecker.

Wenn Sie mal in einer niederländischsprachigen Umgebung sind, werden Sie das Wort **lekker** [lekər] *lecker* sehr häufig hören. Es wird nicht nur verwendet, um auszudrücken, dass etwas gut schmeckt, sondern für alles, was positiv ist. So können Sie sagen: **ik ga lekker naar het strand** [ik chaa lekər naar hət sstrant]. Sie drücken dann damit aus, dass Sie sich darauf freuen, zum Strand zu gehen. Oder Sie verwenden das Wort als Adjektiv: **een lekkere handdoek** [ən lekərə handuk], was dann zum Ausdruck bringt, wie angenehm das Handtuch im Gebrauch ist. Es kann sein, dass das Handtuch schön weich ist oder genau die richtige Größe hat, auf jeden Fall ist es für Sie das ideale Handtuch.

Jetzt sind Sie dran.

Hier sehen Sie alle Wörter der sechsten Lektion. Es ist wichtig, die Wörter regelmäßig zu wiederholen, denn nur dann wandern sie vom Kurzzeitgedächtnis in Ihr Langzeitgedächtnis. Das gilt nicht nur für die neuen Wörter, sondern auch für die der vorherigen Lektionen.

TR. 29

uit eten [öjt eetə]	*in ein Restaurant gehen oder essen gehen*
de mossel, de mossels [də mossəl, də mossəlss]	*die Miesmuschel*
de pannenkoek, de pannenkoeken [də panəkuk, də panəkukə]	*der/die Pfannkuchen*
het restaurant [hət resstaurant]	*das Restaurant*
de molen [də moolə]	*die Mühle*
de windmolen [də wintmoolə]	*die Windmühle*
Je spreekt met ... [jə sspreekt met]	*Du sprichst mit ...*
U spreekt met ... [üü sspreekt met]	*Sie sprechen mit ...*
spreken [sspreekə]	*sprechen*
de tafel [də taafəl]	*der Tisch*
reserveren [reesserfeerə]	*reservieren*
de persoon, de personen [də perssoon, də perssoonə]	*die Person, die Personen*

TR. 30

willen [wilə]	*wollen, möchten*
moeten [mutə]	*müssen, sollen*
met z'n vieren [met sən fiirə]	*zu viert*
borrelen [borələ]	*einen Aperitif trinken*
portie kaas [porsii kaass]	*Portion Käsewürfel*
pannenkoek naturel [panəkuk naatüürel]	*Pfannkuchen ohne Belag*
de stroop [də sstroop]	*der Sirup*
de rozijn [də roosäjn]	*die Rosine*
de poffertjes [də pofərtjəss]	*die Poffertjes (kleine Pfannkuchen)*

de poedersuiker [də pudərssöjkər] — *der Puderzucker*
het nagerecht [hət naachərecht] — *die Nachspeise*
het dessert [hət dəsser] — *die Nachspeise*
het toetje [hət tutjə] — *die Nachspeise*
de vla [də flaa] — *der Pudding (aber eine dickflüssige Variante)*
vanille [faniijə] — *Vanille*
chocolade [schookoolaadə] — *Schokolade*
hopjes [hopjəss] — *Karamell*
het voorgerecht [hət foorchərecht] — *die Vorspeise*
de ijscoupe [də äjsskup] — *der Eisbecher*
extra [eksstraa] — *extra*

TR. 31

de lepel [də leepəl] — *der Löffel*
de vork [də forək] — *die Gabel*
het mes [hət mess] — *das Messer*
het bord [hət bort] — *der Teller*
het servet [hət sserfet] — *die Serviette*
het glas [hət chlass] — *das Glas*
de schaal [də ss-chaal] — *die Schüssel*
Heeft het gesmaakt? [heeft hət chəssmaakt] — *Hat es geschmeckt?*
smaken [ssmaakə] — *schmecken*
Was alles naar wens? [wass aləss naar wenss] — *War alles nach Wunsch?*
heel lekker [heel lekər] — *sehr lecker*
heel [heel] — *sehr*

Nun haben Sie alle Bausteine für ein erfolgreiches Telefonat. Hören Sie sich noch einmal das Gespräch an.

TR. 32

- Goedemiddag, Pannenkoekenrestaurant De Molen. Je spreekt met Gerben.
- Met Julia. Ik wil voor zeven uur een tafel reserveren.
- Dat kan. Voor hoeveel personen?
- We komen met z'n vieren.

(...)

- Willen jullie een nagerecht?
- We nemen een ijscoupe. Mogen we een extra lepel hebben?

(...)

- Heeft het gesmaakt?
- Het was heel lekker!

Mit den folgenden Bausteinen können Sie sagen, was Sie möchten und wie viele Personen Sie sind.

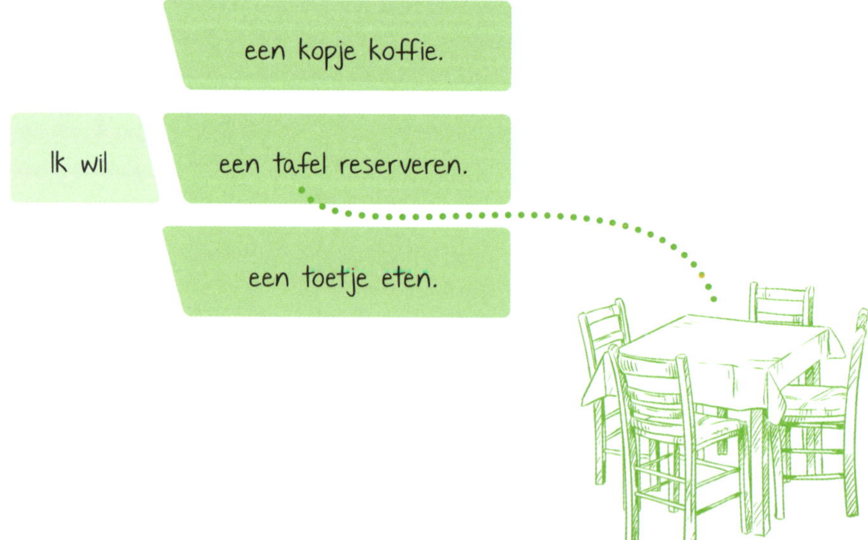

7 LEKKER WEER!
SCHÖNES WETTER!

Das Wetter ist ein beliebtes Gesprächsthema. In den Niederlanden und Flandern herrscht ein gemäßigtes Meeresklima. Es wird im Sommer nicht so warm und es regnet öfter. Da es keine Berge gibt, weht oft ein kräftiger Wind. Im Winter kann es kalt werden. Wenn es friert, werden die Friesen, die im Norden der Niederlande wohnen, ganz unruhig, denn sie wollen gerne die Elfstedentocht fahren. Das ist ein Schlittschuhwettbewerb auf Natureis entlang elf Städten der Provinz Friesland. Diese Städte sind alle durch Kanäle miteinander verbunden. Leider ist es oft nicht kalt genug, aber Sie können die Tour auch auf dem Fahrrad entlang der Gewässer fahren und die schönen friesischen Landschaften entdecken.

Viele Menschen reden gerne über das Wetter. Dabei beschweren sie sich öfter, als dass sie sich über das Wetter freuen. So auch Ihre Campingnachbarin:

Wat een hondenweer!

[wat ən hondəweer]
Was für ein Hundewetter!

Wie im Deutschen kann das Wetter im Niederländischen auch mit einem Hund verglichen werden. Die meisten Vergleiche mit einem Hund sind negativ. **Hondenweer** [hondəweer] *Hundewetter* bedeutet also auch schlechtes Wetter. Obwohl der niederländische Touristenverein in den Ländern in Fernost mit dem Regenwetter in den Niederlanden wirbt, gefällt es den Einwohnern nicht so sehr, wenn es regnet.

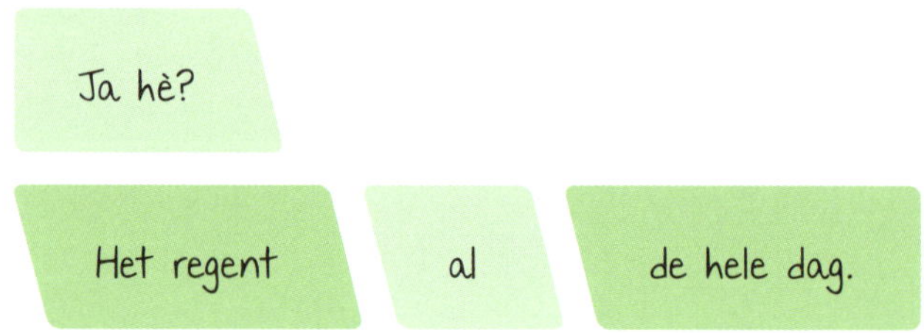

[jaa he? hət reechənt al də heelə dach]
Ja, nicht wahr? Es regnet schon den ganzen Tag.

Das kurze Wort **hè** [he] hat an sich keine Bedeutung. Sie können es ans Ende eines Satzes hängen, um diesem Satz Nachdruck zu verleihen. Im Deutschen könnte man zum Beispiel *oder* oder *nicht* (*wahr*) sagen oder auch kürzere Ausdrücke, die sich regional unterscheiden. Sie können **hè** [he] mit **ja** [jaa] *ja* oder **nee** [nee] *nein* kombinieren, aber auch mit einem Adjektiv: **leuk hè?** [lök he] *toll, oder?* Wenn Sie es ohne ein anderes Wort verwenden, drückt es Unverständnis aus.

Jetzt sind Sie dran.

Verwenden Sie die richtige Wortkombination mit einem **hè** in den folgenden Aussagen:

ja hè | **leuk hè** | **nee hè** | **lekker hè**

1. Ik heb een nieuwe vlieger, ________.

2. Ik kan helaas niet komen. ________.

3. Die wafels zijn goed! ________.

4. Het restaurant is leuk. ________.

Lösung
1. leuk hè, **2.** Nee hè, **3.** Lekker hè, **4.** Ja hè

Regenwetter ist im Urlaub nicht so schön, also fragen Sie:

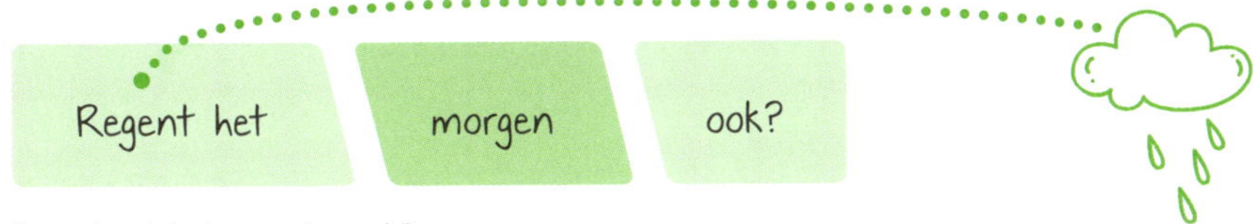

[reechənt hət morchə ook]
Wird es morgen auch regnen?

Um Zukünftiges auszudrücken, reicht erstmal die Präsensform des Verbs, wie es auch im Deutschen üblich ist: **Het regent morgen.** [hət reechənt morchə] *Es regnet morgen.* Allerdings kommen hier die Zeitangaben ins Spiel, um die zukünftige Handlung zu betonen. Durch die Kombination des Präsens mit einer Zeitangabe wie **morgen** [morchə] *morgen* weisen Sie ganz klar auf die Zukunft hin. Wenn die Zeitangabe am Anfang des Satzes steht, drehen Sie, wie bei einer Frage, einfach die Person und das Verb um: **Morgen regent het.** [morchə reechənt hət] *Morgen regnet es.*

Andere mögliche Zeitangaben für die Zukunft sind:

overmorgen [oofərmorchə] *übermorgen*
volgende week [folchəndə week] *nächste Woche*
aankomend weekend [aankoomənt wiikent] *kommendes Wochenende*

Jetzt sind Sie dran.

Üben Sie die Präsensform, indem Sie die folgenden kurzen Sätze, in der über die Zukunft gesprochen wird, ins Niederländische übersetzen.

1. Ich komme nächste Woche.

2. Übermorgen essen wir Pfannkuchen.

3. Er kauft kommendes Wochenende ein.

Lösung
1. Ik kom volgende week.
2. Overmorgen eten we pannenkoeken.
3. Hij doet aankomend weekend boodschappen.

Ik zal even kijken.

[ik sal eefə käjkə]
Ich werde mal schauen.

Man kann das Futur auch mit einer Kombination des Verbs **zullen** [süle] und einem Infinitiv ausdrücken. Wenn Sie diese Kombination verwenden, bedeutet **zullen** [sülə] nicht *wollen*, wie Sie im Kapitel 5 gelernt haben, sondern wird es übersetzt mit *werden*. **Ik zal kijken** [ik sal käjkə] heißt dementsprechend *ich werde schauen* und nicht *ich will schauen*. Es gibt mehrere Möglichkeiten, um das Futur im Niederländischen auszudrücken. Diese Zukunftsform wird allerdings nicht so häufig und fast nur für offizielle Mitteilungen verwendet oder wenn Sie eine feste Absicht haben, etwas zu tun, so wie im obigen Beispiel.

Ihre Nachbarin schaut auf den **buienradar** [böjəraadar] *Regenradar*, der als App in den Niederlanden sehr beliebt ist. Wenn Sie zu einer Gartenfeier eingeladen sind und es taucht eine einzige Wolke auf, zückt jeder schnell das Handy, um zu überprüfen, ob und wann es eventuell regnen wird. Ein **bui** [böj] ist ein *Schauer*. Der kann sowohl aus Regen als auch beispielsweise aus Schnee bestehen. Mit einem **buienradar** [böjəraadar] kann man also sehen, wo es Schauer gibt. Genau das macht jetzt Ihre Bekannte. **Even** [eefə] kann man auch mit *eben* oder *mal eben* übersetzen. Es drückt auf jeden Fall eine kurze Zeit aus.

Morgen | gaat het | weer regenen.

[Morchə chaat hət weer reechənə]
Morgen wird es wieder regnen.

Achtung!
weer [weer] hat zwei Bedeutungen: *Wetter* und *wieder*.

Wie Sie sehen, bedeutet das Wort **weer** [weer] sowohl *Wetter* als auch *wieder*. So entsteht ganz leicht ein Satz, der auf den ersten Blick etwas merkwürdig aussieht: **Wat een vies weer weer** [wat ən fiiss weer weer] *was für ein schlechtes Wetter wieder.* Das Adjektiv **vies** [fiiss] kann man nicht nur für Wetter, sondern auch für Kleidung: **vieze broek** [fiisə bruk] *dreckige Hose* und Essen oder Trinken **vieze koffie** [fiisə kofii] *ekliger Kaffee* verwenden und dementsprechend hat es auch mehrere Bedeutungen, die allerdings alle negativ sind. Natürlich muss **vies** als Adjektiv ein **e** bekommen, wenn es vor einem **de**-Wort steht und dann verwandelt sich auch das **s** in ein **z**. Erinnern Sie sich aus Kapitel 5?

Achtung falscher Freund!
vies heißt nicht *fies* sondern *schlecht, dreckig* oder *eklig*

Die letzte Möglichkeit, um das Futur auszudrücken, ist mit dem Verb **gaan** [chaan] *gehen* in Kombination mit einem Infinitiv: **Het gaat morgen regenen.** [hət chaat morchə reechənə] *Es wird morgen regnen.* Wörtlich sagen Sie: *Es geht morgen regnen.*
Sie verwenden diese Konstruktion natürlich nicht nur beim Vorhersagen des Wetters, sondern auch für andere Sätze in der Zukunftsform: **Ik ga een boek lezen.** [ik chaa ən buk leesə] *Ich werde ein Buch lesen.* Das Verb **gaan** wird an die Person angepasst und der Infinitiv steht am Ende des Satzes. Es kann durchaus noch etwas dazwischen stehen: **Julia gaat morgen met haar moeder koffie drinken.** [Julia chaat morchə met haar mudər kofii drinkə] *Julia wird morgen mit ihrer Mutter Kaffee trinken.* Diese Futurvariante wird im Niederländischen am häufigsten verwendet.

Jetzt sind Sie dran.

Üben Sie auch **gaan** + Infinitiv, indem Sie die Wörter der folgenden Sätze in eine Zukunftsform umsetzen.

Beispiel: **Ik drink een kopje koffie. → Ik ga een kopje koffie drinken.**

1. Ik doe dat morgen.

2. Hij neemt een bal mee.

3. We reserveren voor zondag een tafel.

Lösung
1. Ik ga dat morgen doen.
2. Hij gaat een bal meenemen.
3. We gaan voor zondag een tafel reserveren.

Aber zum Glück regnet es nicht immer.

Maar zondag | schijnt | de zon.

[maar sondach ss-chäjnt də son]
Aber Sonntag scheint die Sonne.

Sicher ist es Ihnen aufgefallen, dass hier die Präposition **op** [op] *am* vor Sonntag fehlt. Wie im Deutschen kann diese Präposition bei Wochentagen auch weggelassen werden.
Falls Sie gerne mitreden möchten, wenn Ihre niederländischen **buren** [büürə] *Nachbarn* über das Wetter plaudern, brauchen Sie natürlich mehr als nur Sonne oder Regen. Mit den folgenden kleinen Sätzen können Sie sagen, wie das Wetter ist.

het sneeuwt [hət ssneewt] *es schneit*
het hagelt [hət haachəlt] *es hagelt*
het waait [hət waait] *es weht*
het onweert [hət onweert] *es gewittert*
het is bewolkt [hət iss bəwolkt] *es ist bewölkt*
het is warm [hət iss warm] *es ist warm*
het is koud [hət iss kaut] *es ist kalt*
het vriest [hət friisst] *es friert (es gibt Frost)*

Die **temperatuur** [tempəraatüür] *Temperatur* geben Sie im Plural an: **het is 15 graden** [hət iss fäjftiin chraadə] *es ist 15 Grad*. Und wenn es mal unter null geht: **het is min 7 graden** [hət iss min seefə chraadə] *es ist minus 7 Grad*. Sie können statt **het** und ein Verb, wie **het regent** [hət reechənt] *es regnet*, auch **er is** [er iss] und ein Hauptwort, wie **er is wind** [er iss wint] *es gibt Wind* sagen. Für sowohl **het** [hət] als auch **er** [er] wird im Deutschen das Wort *es* eingesetzt. So wie es zwei Übersetzungen für ein niederländisches Wort, wie **weer** [weer] *Wetter* oder *wieder*, geben kann, kann es auch zwei Übersetzungen für ein deutsches Wort geben: *es* heißt sowohl **het** [hət] als auch **er** [er].

Sie können mit der Konstruktion **er is** [er iss] *es gibt* auch eins der folgenden Hauptwörter verwenden:

bliksem [blikssəm] *Blitz*
donder [dondər] *Donner*
onweer [onweer] *Gewitter*
storm [sstorm] *Sturm*
vorst [forsst] *Frost*
mist [misst] *Nebel*

Trotz häufigen Schmuddelwetters unterscheiden sich die Jahreszeiten in den niederen Landen an der Nordseeküste auch sehr. Deshalb nennen wir hier die vier **seizoenen** [ssäjsunə] Jahreszeiten:

lente [lentə] *Frühling*
zomer [soomər] *Sommer*
herfst [herfsst] *Herbst*
winter [wintər] *Winter*

Jetzt sind Sie dran.

Welche Jahreszeit passt am besten zu den verschiedenen Wetterlagen?

1. Het regent en de zon schijnt.

2. Het regent, er is mist en het waait.

3. Het is koud, het sneeuwt en het vriest.

4. De zon schijnt, het is warm en er is onweer.

Lösung
1. de lente; **2.** de herfst; **3.** de winter; **4.** de zomer

Das gute Wetter kommt ganz gelegen, denn:

[fäjn want dan ben ik jaarəch]
Schön, denn dann habe ich Geburtstag!

Wenn Sie sagen möchten, dass Sie Geburtstag haben, sagen Sie **ik ben jarig** [ik ben jaarəch]. Sie sagen hier eigentlich *ich bin jährig*. Das Wort *Geburtstag* heißt im Niederländischen **verjaardag** [fərjaardach], aber man sagt nie **ik heb verjaardag** [ik heb fərjaardach]. Das klingt für Niederländischsprachige ganz merkwürdig.
Statt **fijn** [fäjn], was wörtlich *fein* bedeutet, hätten Sie auch das Ihnen schon bekannte Wort **leuk** [lök] sagen können. Beide Wörter drücken etwas Positives aus.

Wanneer bent u jarig? [waneer bent üü jaarəch] *Wann haben Sie Geburtstag?* Um diese Frage beantworten zu können, benötigen Sie noch **de maanden** [də maandə] *die Monate* auf Niederländisch.

januari [janüüaarii]	*Januar*
februari [feebrüüaarii]	*Februar*
maart [maart]	*März*
april [aapril]	*April*
mei [mäj]	*Mai*
juni [jüünii]	*Juni*
juli [jüülii]	*Juli*
augustus [auchüsstüss]	*August*
september [sseptembər]	*September*
oktober [oktoobər]	*Oktober*
november [noofembər]	*November*
december [deessembər]	*Dezember*

Wenn Sie ein Datum sagen, dann verwenden Sie im Deutschen eine sogenannte Ordnungszahl, wie *erste* oder *zweite*. Im Niederländischen ist dies nicht notwendig. Sie können die Zahl ganz normal aussprechen und anschließend den Monat angeben. Zum Beispiel: **twee maart** [twee maart] *zweiter März*. Und wenn Sie sagen möchten, wann Sie Geburtstag haben, sagen Sie: **ik ben jarig op zeven april** [ik ben jaarəch op seefə aapril] *ich habe am siebten April Geburtstag*. Wenn man das Datum nur mit Zahlen wiedergibt, schreibt man übrigens keine Punkte zwischen den Zahlen, sondern Bindestriche: 12.08.2021 wird also 12-08-2021.

Jetzt sind Sie dran.

Sprechen Sie die folgenden Daten laut aus!

1. 01-05 **2.** 21-07
3. 18-12 **4.** 08-08
5. 31-09 **6.** 28-01

Lösung
1. een mei **2.** eenentwintig juli
3. achttien december **4.** acht augustus
5. eenendertig september **6.** achtentwintig januari

Jetzt sind Sie dran.

Hier sehen Sie wieder alle Wörter, die Sie in der Lektion kennengelernt haben. Lernen Sie eigentlich zu einer festen Zeit oder immer dann, wenn es Ihnen gerade zeitlich passt? Grundsätzlich ist es ratsam, einen festen Zeitpunkt pro Tag oder Woche einzuplanen, an dem Sie sich der Fremdsprache widmen. Ein fester Termin ist verbindlicher und es wird Ihnen dann leichter fallen, ihn einzuhalten.

TR. 33

lekker weer [lekər weer] *schönes Wetter*
Wat een hondenweer! [wat ən hondəweer] *Was für ein Hundewetter!*
het regent [hət reechənt] *es regnet*
al [al] *schon*
de hele dag [də heelə dach] *der ganze Tag*
heel [heel] *ganz*
Ja hè? [jaa he] *Ja, nicht wahr?*
Nee hè? [nee he] *Nein, oder?*
het weer [hət weer] *das Wetter*
morgen [morchə] *morgen*
overmorgen [oofərmorchə] *übermorgen*
volgende week [folchəndə week] *nächste Woche*
aankomend weekend [aankoomənt wiikent] *kommendes Wochenende*

TR. 34

Ik zal even kijken [ik sal eefə käjkə] *Ich werde mal schauen*
even [eefə] *mal, eben, mal eben*
kijken [käjkə] *schauen*
de buienradar [də böjəraadar] *der Regenradar*
de bui [də böj] *der Schauer*
weer [weer] *wieder*
regenen [reechənə] *regnen*
vies weer [fiiss weer] *schlechtes Wetter*
vieze broek [fiisə bruk] *dreckige Hose*
vieze koffie [fiisə kofii] *ekliger Kaffee*

vies [fiiss]	*schlecht, dreckig, eklig*
de broek [də bruk]	*die Hose*
lezen [leesə]	*lesen*
maar [maar]	*aber*
de zon schijnt [də son ss-chäjnt]	*die Sonne scheint*
de zon [də son]	*die Sonne*
schijnen [ss-chäjnə]	*scheinen*

TR. 35

het sneeuwt [hət ssneewt]	*es schneit*
het hagelt [hət haachəlt]	*es hagelt*
het waait [hət waait]	*es weht*
het onweert [hət onweert]	*es gewittert*
het is bewolkt [hət iss bəwolkt]	*es ist bewölkt*
het is warm [hət iss warm]	*es ist warm*
het is koud [hət iss kaut]	*es ist kalt*
het vriest [hət friisst]	*es friert*
de wind [də wint]	*der Wind*
de temperatuur [də tempəraatüür]	*die Temperatur*
het is 15 graden [hət iss fäjftiin chraadə]	*es hat 15 Grad*
het is min 7 graden [het iss min seefə chraadə]	*es hat minus 7 Grad*
er is wind [er iss wint]	*es windet*
er is [er iss]	*es gibt*
de bliksem [də blikssəm]	*der Blitz*
de donder [də dondər]	*der Donner*
het onweer [hət onweer]	*das Gewitter*
de storm [də sstorm]	*der Sturm*
de vorst [də forsst]	*der Frost*
de mist [də misst]	*der Nebel*

TR. 36

het seizoen [hət ssäjsun]	*die Jahreszeit*
de lente [də lentə]	*der Frühling*
de zomer [də soomər]	*der Sommer*
de herfst [də herfsst]	*der Herbst*
de winter [də wintər]	*der Winter*
vandaag [fandaach]	*heute*
fijn [fäjn]	*schön*
want [want]	*denn*
ik ben jarig [ik ben jaarəch]	*ich habe Geburtstag*
de verjaardag [də fərjaardach]	*der Geburtstag*
Wanneer bent u jarig? [waneer bent üü jaarəch]	*Wann haben Sie Geburtstag?*

TR. 37

de maand, de maanden [də maant, də maandə]	*der Monat, die Monate*
januari [janüüaarii]	*Januar*
februari [feebrüüaarii]	*Februar*
maart [maart]	*März*
april [aapril]	*April*
mei [mäj]	*Mai*
juni [jüünii]	*Juni*
juli [jüülii]	*Juli*
augustus [auchüsstüss]	*August*
september [sseptembər]	*September*
oktober [oktoobər]	*Oktober*
november [noofembər]	*November*
december [deesembər]	*Dezember*

Sie können nun ein einfaches Gespräch über das Wetter verstehen und Sie können auch mitreden. Hören Sie sich noch einmal das Gespräch an.

TR. 38

- Wat een hondenweer.
- Ja hè. Het regent al de hele dag.
- Regent het morgen ook?
- Ik zal even kijken. Morgen gaat het weer regenen. Maar zondag schijnt de zon.
- Fijn want dan ben ik jarig!

Die folgenden Bausteine helfen Ihnen bei einem Gespräch über das Wetter:

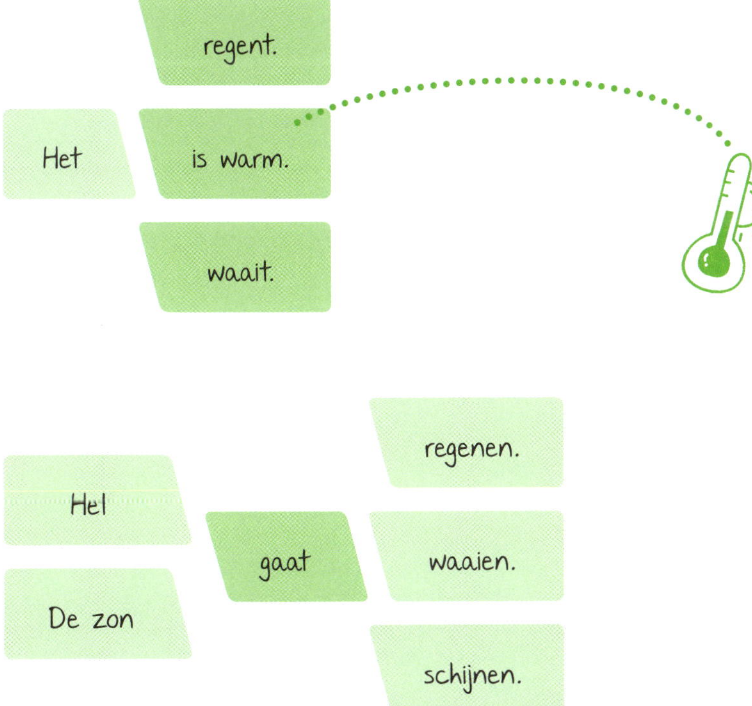

8 UITSTAPJE
AUSFLUG

Wie schön ein Campingplatz am Meer auch ist, Sie möchten sich bestimmt mal etwas anderes ansehen. Wie wäre es mit einem Ausflug? Sie könnten in einen Zoo gehen oder ein Museum besuchen. Wussten Sie, dass die Niederlande die höchste Museumsdichte der Welt haben? Es gibt Museen für Gemälde und Technik, aber auch für Katzen, Teekannen oder Fliesen. Sicher finden Sie ein Museum, das Ihnen gefällt. Die Frage ist nur, wie kommt man dahin? Kennen Sie den Weg? Nein? Dann fragen Sie einfach! Mit diesen Wörtern geht es ganz einfach.

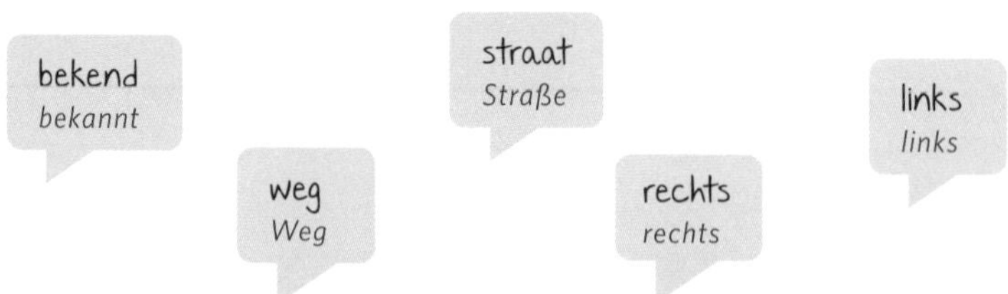

Sicher ist es heutzutage nicht schwer, den Weg zu finden, wenn Sie ein Navigationssystem auf Ihrem Handy haben, aber es ist doch viel schöner, nach dem Weg zu fragen. So können Sie gleich Ihre Niederländischkenntnisse üben.

[dach məfrau. bent üü hiir bəkent]
Guten Tag. Kennen Sie sich hier aus?

Statt nur guten Tag zu sagen, sprechen Sie eine Frau, die Sie nicht kennen, mit **mevrouw** [məfrau] oder einen unbekannten Mann, dem Sie begegnen mit **meneer** [məneer] an. Das ist sehr praktisch, weil Sie jemanden dadurch persönlicher ansprechen können, ohne den Nachnamen zu kennen.
Anschließend fragen Sie, ob die Person sich hier auskennt. Wörtlich sagen Sie: *Sind Sie hier bekannt?* Das soll nicht heißen, dass die Menschen, die hier wohnen diese Person kennen, sondern, dass diese Person sich hier auskennt. Wenn die Person mit ja antwortet, können Sie weiterfragen:

[künt üü mə sechə waar də feefeefee iss]
Können Sie mir sagen, wo die Touristeninformation ist?

VVV [feefeefee] ist eine Abkürzung für **Vereniging voor Vreemdelingenverkeer** [fəreenəching foor freemdəlingəfərkeer] also *Fremdenverkehrsverein*. Für Ausländer ist diese Abkürzung schwer zu erkennen, aber zum Glück steht auch immer das große, weiße **i** auf blauem Hintergrund dabei, so dass man weiß, wo man touristische Informationen bekommen kann. In Flandern dagegen ist der Begriff **toeristeninformatie** [turisstəinformaatssii] *Touristeninfo* gebräuchlich.

Sie können mit diesen Bausteinen natürlich auch nach anderen Zielen fragen, beispielsweise nach einem **museum** [müüsseeüm] *Museum*: **Kunt u me zeggen waar het museum is?** [künt üü mə sechə waar hət müüsseeüm iss] *Können Sie mir sagen, wo das Museum ist?*

Bei einem indirekten Fragesatz steht, wie im Deutschen, das Verb am Ende.

Jetzt sind Sie dran.

Fragen Sie den Weg zu den folgenden Zielen. Bilden Sie indirekte Fragesätze, indem Sie mit **Kunt u me zeggen...** anfangen.

1. een bakker

2. de camping

3. het strand

Lösung
1. Kunt u me zeggen waar een bakker is?
2. Kunt u me zeggen waar de camping is?
3. Kunt u me zeggen waar het strand is?

Ja hoor. | Ga | rechtdoor | tot het stoplicht.

[jaa hoor. chaa rechdoor tot hət sstoplicht]
Ja sicher. Gehen Sie gerade aus bis zur Ampel.

Im vorigen Kapitel haben Sie das Wörtchen **hè** kennengelernt. Sie lernen nun wieder ein Wort kennen, das eigentlich keine eigene Bedeutung hat. **Hoor** [hoor] hängt man gerne an Sätze, um dem Satz mehr Nachdruck zu verleihen. Es kommt von **hoort u** [hoort üü] *hören Sie*. Im Deutschen sagt man in solchen Fällen gerne *ja sicher* oder *ja natürlich*.

Ga! [chaa] *Gehen Sie!* ist eine Befehlsform. Es gibt auch eine höfliche Form und eine Form für den Plural, aber die werden kaum noch verwendet. **Ga** könnte also außer *gehen Sie* auch *gehe* oder *geht* bedeuten.

Die Befehlsform wird mit dem Stamm des Verbs gebildet. Der Stamm eines Verbs ist das Verb ohne **-en**. Nehmen wir als Beispiel das Verb **drinken** [drinkə] *trinken*. Wir streichen nun das **-en** weg und der Stamm bleibt übrig: **drink**. Sie können nun sagen: **Drink je koffie!** [drink jə kofii] *Trink deinen Kaffee!* Es gibt einige Verben, die nicht auf **-en** enden, wie beispielsweise **gaan** [chaan] *gehen*. In diesem Fall sollte man das **-n** streichen. Da ein Wort im Niederländischen nie auf zwei gleichen Buchstaben endet, wird beim Verb **gaan** auch noch ein **a** gestrichen: **ga!** [chaa] *gehe!*
Es können noch mehr Änderungen in der Schreibweise stattfinden. Hier sind einige Verben mit ihren Befehlsformen, die sich nicht ganz an die oben genannte Regel halten.

zien [siin]	**zie!** [sii]	*sieh!*
doen [dun]	**doe!** [du]	*tue!*
schrijven [ss-chräjfə]	**schrijf!** [ss-chräjf]	*schreibe!*
lezen [leesə]	**lees!** [leess]	*lies!*
lopen [loopə]	**loop!** [loop]	*gehe!*
zeggen [sechə]	**zeg!** [sech]	*sage!*
opletten [opletə]	**let op!** [let op]	*passe auf!*

Sie sehen, dass bei **schrijven** [ss-chräjfə] *schreiben* in der Befehlsform das **v** in ein **f** und bei **lezen** [leesə] lesen in der Befehlsform das **z** in ein **s** verwandelt wird. Nicht nur darf ein niederländisches Wort nicht auf zwei gleichen Buchstaben enden, es darf auch nie auf ein **v** oder **z** enden. Es wird also immer einer der zwei Buchstaben entfernt (**gaa** wird **ga** und **zegg** wird **zeg**) oder das **v** verwandelt sich in ein **f** und das **z** in ein **s**.
Eine Ausnahme bildet der Buchstabe **e**. Es gibt einige niederländische Wörter, die auf einem doppelten **e** enden. Das bekannteste Beispiel ist **zee** [see] *Meer*.

Ein **stoplicht** [sstoplicht] ist eine *Ampel*. Offiziell heißt eine Ampel zwar **verkeerslicht** [fərkeersslicht], aber da man gefühlt vor einer Ampel immer anhalten muss, wird meistens das Wort **stoplicht** verwendet.

Sla de tweede straat linksaf.

[sslaa də tweedə sstraat linkssaf]
Biegen Sie die zweite Straße links ab.

Wie Sie auch in der Tabelle sehen, werden bestimmte Verben in der Befehlsform getrennt: **opletten** [opletə] *aufpassen* wird **let op!** [let op] *pass auf!* Dies ist auch so im Deutschen und folgerichtig heißt das Verb **afslaan** [afsslaan] *abbiegen*, in der Befehlsform **sla af!** [sslaa af] *biege ab!* Das **af** wird dann mit **links** zusammengefügt: **linksaf**. Man kann selbstverständlich auch **rechtsaf** [rechtssaf] *rechts ab*biegen.
Welche Straße Sie nehmen sollen, wird mit der sogenannten Ordnungszahl angegeben. Ordnungszahlen werden im Niederländischen auf zwei Arten gebildet. Manche Zahlen bilden die Ordnungszahl mit **-de**, andere mit **-ste**. Die Zahlen eins und drei haben eine unregelmäßige Form: **eerste** [eersstə] *erste/r/s/...* und **derde** [derdə] *dritte*.
Hier ist eine Übersicht von den übrigen Zahlen:

Die Zahlen bis 19 außer 1, 3 und 8 bekommen immer die Endung -de:

tweede [tweedə] *zweite/r/s/...*
vierde [fiirdə] *vierte/r/s/...*
vijfde [fäjfdə] *fünfte/r/s/...*
...
negentiende [neechətiində] *neunzehnte/r/s/...*

Die Zahlen ab 20 bekommen immer die Endung -ste:

twintigste [twintəchstə] *zwanzigste/r/s/...*
eenentwintigste [eenəntwintəchstə] *einundzwanzigste/r/s/s...*
...

Achtung!
1 = **eerste** [eersstə]
3 = **derde** [derdə]
8 = **achtste** [achtsstə]

Jetzt sind Sie dran.

Übersetzen Sie die folgenden Sätze, in denen jeweils eine Ordnungszahl vorkommt.

1. Mein erstes Auto ist grün.

2. Ihr drittes Kind ist ein Mädchen.

3. Biege die fünfte Straße rechts ab.

Lösung
1. Mijn eerste auto is groen.
2. Haar derde kind is een meisje.
3. Sla de vijfde straat rechtsaf.

[də feefeefee iss teechənoofər hət sstassion]
Die Touristeninformation befindet sich gegenüber dem Bahnhof.

Sie können außer dem Wort **is** [iss] *ist* auch **bevindt zich** [bəfint sich] *befindet sich* verwenden. In Ihrem Fall befindet sich die Touristeninformation aber vielleicht nicht dem Bahnhof gegenüber, sondern neben dem Museum. Hier sind noch einige Möglichkeiten, wo sich ein Gebäude befinden kann:

naast [naasst]	*neben*
achter [achtər]	*hinter*
voor [foor]	*vor*
op de hoek [op də huk]	*an der Ecke*
aan het eind van de straat [aan hət äjnt fan də sstraat]	*am Ende der Straße*
over de brug [oofər də brüch]	*über die Brücke*

Die Präpositionen, wie beispielsweise *an*, *über* oder *vor* sind oft sehr schwer zu lernen. Sie richten sich nämlich meist nach dem Verb oder dem Nomen im Satz. Wie Sie in der Tabelle sehen, kann *an* im Niederländischen sowohl **op** als auch **aan** heißen. Versuchen Sie immer die Präposition zusammen mit einem Verb oder Nomen zu lernen.

Jetzt sind Sie dran.

Welche Präposition gehört in die folgenden Sätze? Wählen Sie die richtige Präposition aus: **op**, **over**, **aan**, **tot**

1. Sla linksaf en ga ______ de brug

2. De bakker bevindt zich ______ het eind van de straat.

3. ______ de hoek is een frietkraam.

4. Ga rechtdoor ______ het station.

Lösung
1. over; **2.** aan; **3.** Op; **4.** tot

Am besten wiederholen Sie die Anweisungen noch einmal:

[düss rechdoor tot hət sstoplicht dan tweedə wech linkss en dan teechənoofər hət sstassion]
Also gerade aus bis zur Ampel, dann die zweite Straße links und dann gegenüber dem Bahnhof.

Fangen Sie zusammenfassend mit **dus** [düss] *also* an und wiederholen Sie alles im Telegrammstil. Wie Sie sehen ist bei links das -af weggefallen. Das hat zum Verb **afslaan** [afsslaan] *abbiegen* gehört, erinnern Sie sich? Außerdem wurde **straat** [sstraat] *Straße* durch **weg** [wech] *Weg* ersetzt.
Sie werden aber auch noch andere Wörter für eine Wegbeschreibung benötigen. In der folgenden Tabelle finden Sie hierzu noch einige Begriffe:

zebrapad [seebraapat]	*Zebrastreifen*
fietspad [fiitsspat]	*Radweg*
stoep [sstup]	*Bürgersteig*
rotonde [rootondə]	*Kreisel*
afslag [afsslach]	*Ausfahrt*
kruising [kröjssing]	*Kreuzung*
bocht [bocht]	*Kurve*
doodlopende weg [doodloopəndə wech]	*Sackgasse*
plein [pläjn]	*Platz*
eenrichtingsweg [eenrichtingsswech]	*Einbahnstraße*

Achtung! Eine Einbahnstraße gilt nur für motorisierten Verkehr. Radfahrer dürfen in den Niederlanden eine Einbahnstraße immer in beide Richtungen befahren.

Schließlich sollten Sie sich noch bedanken:

Hartelijk bedankt!

[hartələk bədankt]
Herzlichen Dank!

Jetzt sind Sie dran.

Hier sehen Sie wieder alle Wörter, die Sie in der Lektion kennengelernt haben. Hören Sie sich eigentlich regelmäßig die zu den Kapiteln gehörigen Tracks an? Je öfter Sie die Sätze und Wörter anhören, desto schneller werden sie Ihnen in Fleisch und Blut übergehen. Egal ob beim Autofahren, im Bus oder in der Bahn - hören Sie sie so viel wie möglich. Sprechen Sie die Wörter auch mit - entweder laut, oder wenn es in Ihrer Lernumgebung nicht passt, dann eben still nur im Kopf.

TR. 39

het uitstapje [hət öjtsstapjə] — *der Ausflug*
Bent u hier bekend? [bent üü hiir bəkent] — *Kennen Sie sich hier aus?*
bekend [bəkent] — *bekannt*
mevrouw [məfrau] — *Frau*
meneer [məneer] — *Herr*
zeggen [sechə] — *sagen*
de VVV [də feefeefee] — *die Touristeninformation (NL)*
de Vereniging voor Vreemdelingenverkeer [də fəreenəching foor freemdəlingəfərkeer] — *der Fremdenverkehrsverein, die Touristeninformation (NL)*
de toeristeninformatie [də turisstəinformaatssii] — *die Touristeninformation (B)*
het museum [hət müüsseeüm] — *das Museum*

TR. 40

Ja hoor. [jaa hoor] — *Ja sicher. Ja natürlich.*
Ga! [chaa] — *Gehen Sie! Geht! Gehe!*
rechtdoor [rechdoor] — *geradeaus*

tot het stoplicht [tot hət sstoplicht] *bis zur Ampel*
tot [tot] *bis*
het stoplicht [hət sstoplicht] *die Ampel*
hoort u [hoort üü] *hören Sie*
zien [siin] *sehen*
Zie! [sii] *Sehen Sie! Sieht! Siehe!*
doen [dun] *tun*
Doe! [du] *Tun Sie! Tut! Tue!*
schrijven [ss-chräjfə] *schreiben*
Schrijf! [ss-chräjf] *Schreiben Sie! Schreibt! Schreib!*
Lees! [leess] *Lesen Sie! Liest! Lies!*
lopen [loopə] *gehen*
Loop! [loop] *Gehen Sie! Geht! Gehe!*
Zeg! [sech] *Sagen Sie! Sagt! Sage!*
opletten [opletə] *aufpassen*
Let op! [let op] *Passen Sie auf! Passt auf! Pass auf!*
de zee [də see] *das Meer*

TR. 41

het verkeerslicht [hət fərkeersslicht] *die Ampel*
afslaan [afsslaan] *abbiegen*
Sla af! [sslaa af] *Biegen Sie ab! Biegt ab! Bieg ab!*
de straat [də sstraat] *die Straße*
links [linkss] *links*
rechts [rechtss] *rechts*
eerste [eersstə] *erste/r/s/...*
tweede [tweedə] *zweite/r/s/...*
derde [derdə] *dritte/r/s/...*
vierde [fiirdə] *vierte/r/s/...*
vijfde [fäjfdə] *fünfte/r/s/...*
achtste [achtsstə] *achte/r/s/...*
negentiende [neechətiində] *neunzehnte/r/s/...*
twintigste [twintəchsste] *zwanzigste/r/s/...*
eenentwintigste [eenəntwintəchsstə] *einundzwanzigste/r/s/...*

TR. 42

tegenover [teechənoofər]	*gegenüber*
het station [hət sstassion]	*der Bahnhof*
naast [naasst]	*neben*
achter [achtər]	*hinter*
voor [foor]	*vor*
op de hoek [op də huk]	*an der Ecke*
aan het eind van de straat [aan hət äjnt fan də sstraat]	*am Ende der Straße*
over de brug [oofər də brüch]	*über die Brücke*
dus [düss]	*also*
dan [dan]	*dann*

TR. 43

de weg [də wech]	*der Weg*
het zebrapad [hət seebraapat]	*der Zebrastreifen*
het fietspad [hət fiitsspat]	*der Radweg*
de stoep [də sstup]	*der Bürgersteig*
de rotonde [də rootondə]	*der Kreisel*
de afslag [də afsslach]	*die Ausfahrt*
de kruising [də kröjssing]	*die Kreuzung*
de bocht [də bocht]	*die Kurve*
de doodlopende weg [də dootloopəndə wech]	*die Sackgasse*
het plein [hət pläjn]	*der Platz*
de eenrichtingsweg [də eenrichtingss-wech]	*die Einbahnstraße*
hartelijk bedankt [hartələk bədankt]	*herzlichen Dank*

Falls Sie sich nun verlaufen haben, können Sie jederzeit nach dem Weg fragen. Hören Sie sich noch einmal an, wie das geht.

TR. 44

- Dag mevrouw. Bent u hier bekend? Kunt u me zeggen waar de VVV is?
- Ja hoor. Ga rechtdoor tot het stoplicht. Sla de tweede straat linksaf. De VVV is tegenover het station.
- Dus rechtdoor tot het stoplicht, dan tweede weg links en dan tegenover het station. Hartelijk bedankt!

Die folgenden Bausteine helfen Ihnen beim Fragen oder Erklären des Wegs.

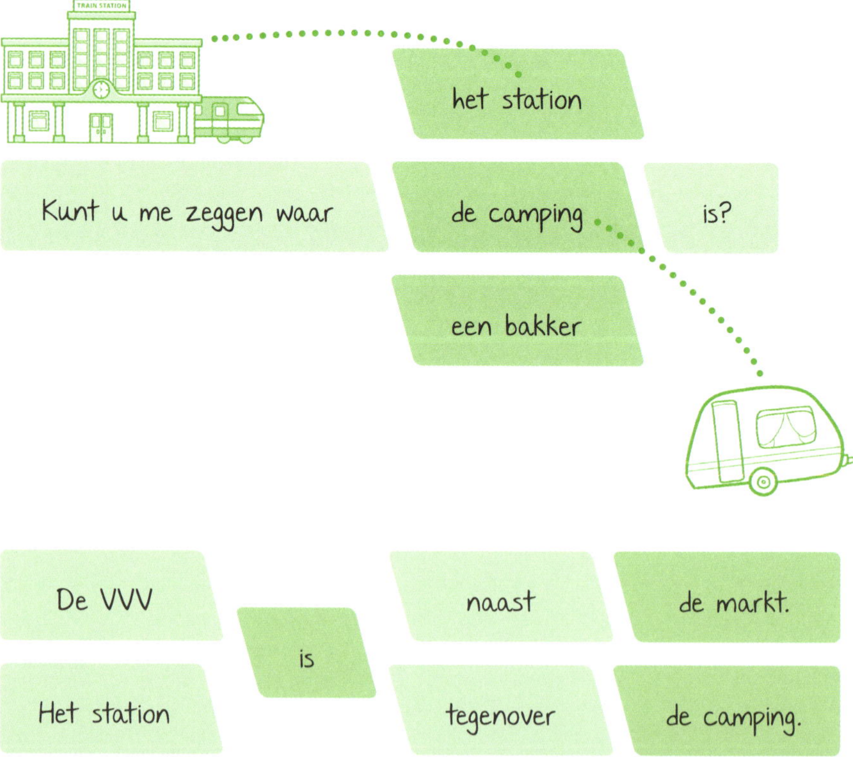

9 NAAR DE DIERENTUIN

IN DEN ZOO

Der Zoo ist immer ein schöner Ausflug für alle Altersgruppen. Da gibt es in Flandern und den Niederlanden auch reichlich Auswahl. In Flandern können Sie ca. zehn Tiergärten besuchen und in den Niederlanden gibt es ca. 70 Zoos. Wenn Sie wissen möchten, was die Öffnungszeiten oder die Eintrittspreise sind, können Sie eine Informationsnummer anrufen. Sie wählen sich dann mit den Tasten Ihres Telefons oder mit Sprachbefehlen durch die Anweisungen. Die folgenden Wörter haben alle etwas mit einem Zoobesuch zu tun. Kennen Sie schon welche?

dier
Tier

aap
Affe

openingstijden
Öffnungszeiten

olifant
Elefant

prijs
Preis

Wenn Sie eine neue Sprache lernen, ist es immer sehr spannend, wenn man in dieser Sprache am Telefon mit jemandem sprechen soll. Eine gute Übung ist es, zuerst einmal die Ansagen von einer Informationsnummer anzuhören. Sie müssen nicht sprechen und wenn Sie etwas nicht richtig verstanden haben, können Sie es einfach nochmal abhören. Lassen Sie uns mal die Nummer eines Zoos anrufen:

[welkom bäj onsə diirətöjn]
Willkommen in unserem Zoo.

Zuerst einmal werden Sie begrüßt. Statt **onze dierentuin** [onsə diirətöjn] *unseren Zoo* werden Sie natürlich den Namen des jeweiligen Zoos hören.

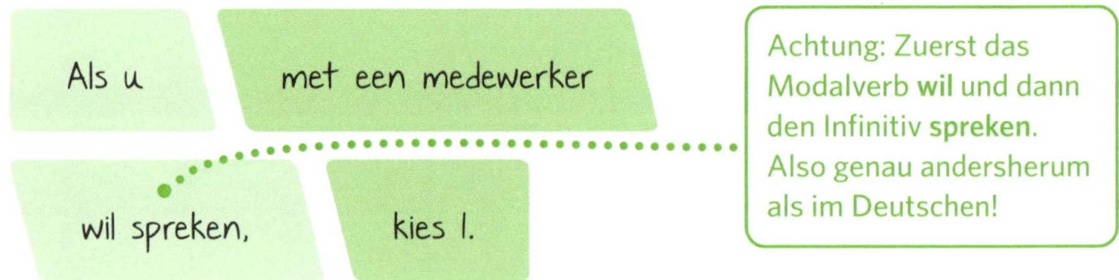

[alss üü met ən meedəwerkər wil sspreekə kiiss een]
Wenn Sie mit einem Mitarbeiter/einer Mitarbeiterin sprechen möchten, wählen Sie die Eins.

Im Kapitel 6 haben Sie schon einige modale Verben wie **kunnen** [künə] *können*, **mogen** [moochə] *dürfen*, **moeten** [mutə] *müssen/sollen* und **willen** [wilə] *wollen/möchten* gelernt. Wie Sie hier sehen, steht das konjugierte Modalverb **wil** [wil] *möchten* vor dem Infinitiv **spreken** [sspreekə] *sprechen* und nicht wie im Deutschen, nach dem Infinitiv. Die Reihenfolge ist im Niederländischen genau umgedreht.
Das niederländische Wort **kies** [kiiss] *wählen Sie* ist die Befehlsform von **kiezen** [kiisə], *wählen*, das Sie in Kapitel 8 gelernt haben. Das **z** hat sich in ein **s** verwandelt, weil niederländische Wörter niemals auf ein **z** enden dürfen, erinnern Sie sich?
Die Zahl braucht im Niederländischen keinen Artikel, anders als im Deutschen.

Vielleicht fällt Ihnen auch auf, dass hier nicht die weibliche Form von Mitarbeiter genannt wird. Es gibt für *Mitarbeiter/Mitarbeiterin* nur ein Wort, nämlich **medewerker** [meedəwerkər]. Es gibt aber durchaus weibliche Formen von Personenbezeichnungen,

aber es ist eher unüblich, diese zu verwenden. In einer Stellenanzeige steht meistens die männliche Form mit dem Zusatz **m/v** für **man** [man] *Mann* und **vrouw** [frau] *Frau* oder eben eine geschlechtsneutrale Form, wie **medewerker** [meedəwerkər] *Mitarbeiter*, **manager** [menedjər] *Manager* oder **professor** [proofessor] *Professor*.
Man kann es auch schriftlich nicht so leicht wiedergeben wie im Deutschen mit *innen, weil es viele unterschiedliche Endungen für die weibliche Bezeichnung gibt. Hier sehen Sie einige übliche Personenbezeichnungen:

student [sstüüdent]	*Student*	**studente** [sstüüdentə]	*Studentin*
koning [kooning]	*König*	**koningin** [kooningin]	*Königin*
zanger [sangər]	*Sänger*	**zangeres** [sangəress]	*Sängerin*
kapper [kapər]	*Friseur*	**kapster** [kapsstər]	*Friseurin*
acteur [aktör]	*Schauspieler*	**actrice** [aktriissə]	*Schauspielerin*

weibliche Personenbezeichnungen können folgende Endungen haben: **-e, -in, -es, -ster, -trice**

Es ist also nicht so einfach, die richtige weibliche Endung zu finden, aber keine Bange, wie bereits gesagt, treten Sie nicht ins Fettnäpfchen, wenn Sie nur die männlichen Personenbezeichnungen benutzen.

Voor meer informatie over | de openingstijden, | kies 2.

[foor meer informaatssii oofər də oopeningsstäjdə kiiss twee]
Für weitere Informationen über die Öffnungszeiten, wählen Sie die zwei.

Das Wort **informatie** [informaatssii] *Information* wird immer im Singular verwendet, auch wenn mehrere Informationen gegeben werden.

Da Sie zuerst einmal nur zuhören und nicht mit jemandem sprechen möchten, wählen Sie die 2.

[onsə diirətöjn iss daachələkss chəoopənt fan neechə tot neechətiin üür bəhalfə op son- en feessdaachə dan säjn wə chəoopənt fan tiin tot achtiin üür]
Unser Zoo ist täglich von neun bis neunzehn Uhr geöffnet, außer an Sonn- und Feiertagen, dann sind wir von zehn bis achtzehn Uhr geöffnet.

Wie Sie sehen, kann die Zeitangabe nach den Verben stehen.

Wie Sie schon im Kapitel drei gelernt haben, werden offizielle Uhrzeiten als achtzehn Uhr angegeben, aber im täglichen Gebrauch würde man hier eher **zes uur** [sess üür] *sechs Uhr* sagen.
Statt **dagelijks** [daachələkss] *täglich* könnte man hier auch **op werkdagen** [op werək-daachə] *werktags* als Gegensatz zu den Sonn- und Feiertagen sagen.

Einige Feiertage in den Niederlanden und Flandern entsprechen den deutschen Feiertagen. Dazu zählen **Nieuwjaar** [niiwjaar] *Neujahr*, **Pasen** [paassə] *Ostern*, **Hemelvaartsdag** [heeməlfaartssdach] *Christi Himmelfahrt*, **Pinksteren** [pinkstərə] *Pfingsten* und **Kerst** [kersst] *Weihnachten*. Allerdings gibt es in Flandern keinen zweiten Weihnachtsfeiertag. Dafür gibt es in hier den Tag der Arbeit und in den Niederlanden nicht. Karfreitag ist weder in Flandern noch in den Niederlanden einen Feiertag. Selbstverständlich sind die Nationalfeiertage pro Land unterschiedlich. In Flandern feiert man den Nationalfeiertag Belgiens am 21. Juli und der flämischen Gemeinschaft am 11. Juli. In den Niederlanden wird **Koningsdag** [kooningssdach] *Königstag* am 27. April, dem Geburtstag des Königs gefeiert.

Jetzt sind Sie dran.

Wie würden Sie die offiziellen Zeitangaben wiedergeben? Benutzen Sie dazu folgende Bausteine: **We zijn [...] geopend van [...] tot [...], behalve [...], dan van [...] tot [...]**

1. Mo-So: 8:00 - 16:00 Uhr.

2. Mo.-Fr: 10:00 - 12:00 Uhr.

3. Mo.-Sa: 7:00 - 15:00 Uhr. So: 9:00 - 14:00 Uhr.

4. Sa.-So.: 18:00 - 20:00 Uhr

Lösung

1. We zijn dagelijks geopend van acht tot zestien uur.
2. We zijn van maandag tot vrijdag geopend van tien tot twaalf uur.
3. We zijn dagelijks geopend van zeven tot vijftien uur, behalve op zondag, dan van negen tot veertien uur.
4. We zijn geopend op zaterdag en zondag / in het weekend van achttien tot twintig uur.

Voor meer informatie over | de toegangsprijzen, | kies 3.

[foor meer Informaatssii ofər də tuchangsprajsə kiss drii]
Für mehr Informationen über die Eintrittspreise wählen Sie die Drei.

Statt **toegangsprijzen** [tuchangspräjsə] *Eintrittspreise* wird auch **entreeprijzen** [antreepräjsə] oder ledlich **prijzen** [präjsə] gesagt. Sie wählen nun die Drei, um die Preise zu erfahren:

Kinderen van 4 tot en met 16 jaar betalen | € 21,50

en volwassenen betalen | € 24,00.

Voor kinderen onder 3 jaar | is de toegang gratis.

Achtung! Das Wort **jaar** bleibt im Singular und wird nicht in den Plural gesetzt wie im Deutschen.

[kindərə van fiir tot en met sesstiin jaar bətaalə eenəntwintəch öroo fäjftəch en folwassənə bətaalə fiirəntwintəch öro. foor kindərə ondər drii jaar iss də tuchang chraatiss]
Kinder von vier bis sechszehn Jahren bezahlen 21,50 Euro und Erwachsene bezahlen 24 Euro. Für Kinder unter 3 Jahre ist der Eintritt frei.

Für **tot en met** [tot en met] wird sehr häufig auch die Abkürzung **t/m** verwendet und heißt wörtlich *bis und mit*, also *bis einschließlich*. In diesem Fall heißt es demnach, dass der Eintritt für Kinder, die sechzehn Jahre alt sind, noch 21,50 Euro kostet. Wenn hier nur **tot** [tot] *bis* stehen würde, dann müsste ein sechzehnjähriges Kind den Preis für Erwachsene zahlen.
Für **scholieren** [ss-chooliirə] *Schüler*, **studenten** [sstüüdentə] *Studenten*, **65+'ers** [fäjfəsesstəchplüssərss] oder **senioren** [sseeniiorə] *Senioren* (ab einem Alter von 65 Jahre) und **mensen met een beperking** [menssə met ən bəperking] *Menschen mit einer Behinderung* gibt es oft ermäßigte Preise. Und wenn Sie mit einer Familie gehen, können Sie die Vorteile einer **familiekaart** [faamiiliikaart] *Familienkarte* nutzen.

Wenn Sie durch die Websites von Tiergärten oder Museen stöbern, werden Sie bei den Preisen auch Preisangaben für **CJP** [sseejeepee] oder **Museumkaart** [müüsseeümkaart] sehen. **CJP** steht für **Culturele Jongerenpas** [kültüüreelə jongərəpass]. Diese Karte können junge Menschen bis 30 Jahre für einen Jahresbeitrag kaufen und sie bekommen dann Ermäßigungen in Kinos, Museen, Tiergärten, Theater und vieles mehr. Die **museumkaart** [müüsseeümkaart] ist eine Karte, mit der Sie sogar ca. 400 Museen in den Niederlanden gratis besuchen können. Es gibt außer diesen Karten noch viel mehr Ermäßigungskarten, die oft regions- oder stadtgebunden sind.

Jetzt sind Sie dran.

Hier sehen Sie die Eintrittspreise eines Zoos. Beantworten Sie dazu die Fragen.

kinderen t/m 4 jaar	gratis
kinderen van 5 t/m 18 jaar	€ 10
volwassenen	€ 15
familiekaart (2 volwassenen, 2 kinderen)	€ 40
65+	€ 10
CJP	€ 10

1. We zijn 56 en 57 jaar oud. Wat moeten we betalen?

U moet

2. Opa en oma zijn 69 en70 jaar oud. Ze gaan met hun kleindochter van 2 naar de dierentuin. Wat moeten ze betalen?

Ze moeten

3. We hebben twee kinderen van 6 en 8 jaar. Wat kost een familiekaart?

Een familiekaart kost

4. Mijn vriend heeft een CJP en ik niet. We zijn beide 21 jaar. Wat moeten we betalen?

Jullie moeten

Lösung
1. U moet € 30 betalen.
2. Ze moeten € 20 betalen.
3. Een familiekaart kost € 40.
4. Jullie moeten € 25 betalen.

Nun haben Sie alle Informationen zu den Öffnungszeiten und Eintrittspreisen bekommen. Bestimmt möchten Sie auch erfahren, wie Tiere auf Niederländisch genannt werden. Hier ist eine Liste mit einigen exotischen Tieren, die man im Zoo sehen kann:

giraffe [schiiraf]	*Giraffe*
olifant [ooliifant]	*Elefant*
leeuw [leew]	*Löwe*
pinguïn [pingwiin]	*Pinguin*
aap [aap]	*Affe*
krokodil [krookoodil]	*Krokodil*
nijlpaard [näjlpaart]	*Nilpferd*
neushoorn [nösshoorn]	*Nashorn*
zeehond [seehont]	*Seehund*
papagaai [papaachaai]	*Papagei*

Wenn Sie Tiere **aaien** [aajə] *streicheln* möchten, kann man in den **kinderboerderij** [kindərburdəräj] *Streichelzoo* gehen. Wörtlich heißt dieser im niederländischen Kinderbauernhof. Viele Zoos haben einen Bereich, wo man Tiere streicheln kann, es gibt aber auch zahlreiche kleine Streichelzoos, die oftmals gratis zugänglich sind. Hier dürfen Sie die Tiere auch meistens **voeren** [furə] *füttern* oder bei der **verzorging** [fərsorching] *Pflege* helfen. Im Streichelzoo finden Sie folgende Tiere:

konijn [koonäjn]	*Kaninchen*
geit [chäjt]	*Ziege*
cavia [kaafiiaa]	*Meerschweinchen*
schaap [ss-chaap]	*Schaf*
koe [ku]	*Kuh*
varken [farkə]	*Schwein*
hond [hont]	*Hund*
kat [kat]	*Katze*

Jetzt sind Sie dran.

Sie sehen hier das Tagesprogramm eines Zoos. Lesen Sie der Reihe nach laut vor, welche Aktivitäten um welche Uhrzeit stattfinden und vervollständigen Sie dann die Sätze unten.

9:00 uur	Papagaaien aaien
10:00 uur	Apen voeren
11:00 uur	Zeehonden voeren
14:00 uur	Wat wil de krokodil? Informatie over de krokodil
15:00 uur	Leeuwen voeren
16:00 uur	Papagaaien aaien

1. Om ________ gaan ze de leeuwen voeren.

2. Om 14 uur is er meer informatie over de ________.

3. Om ________ en om ________ kun je papagaaien aaien.

4. Om 10 uur zullen ze de ________ voeren.

Lösung
1. 15/vijftien uur
2. krokodil
3. 9/negen uur, 16/zestien uur
4. apen

Jetzt sind Sie dran.

Hier finden Sie nun alle Wörter, die Sie in dieser Lektion gelernt haben. Handschriftliches Aufschreiben der Vokabeln ist äußerst hilfreich. Schreiben Sie die Vokabeln in ein Vokabelheft oder auf Karteikarten. Durch das konkrete Schreiben der Buchstaben prägen Sie sich die Vokabeln und deren Schreibweise besser ein.

9 NAAR DE DIERENTUIN

TR. 45

Welkom bij onze dierentuin. [welkom bäj onsə diirətöjn.]	*Willkommen in unserem Zoo.*
welkom [welkom]	*Willkommen*
de dierentuin [də diirətöjn]	*der Zoo, der Tiergarten*
bij [bäj]	*bei, zu*
als [alss]	*wenn*
de medewerker [də meedəwerkər]	*der Mitarbeiter/die Mitarbeiterin*
spreken [sspreekə]	*sprechen*
kies! [kiiss]	*Wählen Sie!*
kiezen [kiisə]	*wählen*

TR. 46

de student [də sstüüdent]	*der Student*
de studente [də sstüüdentə]	*die Studentin*
de koning [də kooning]	*der König*
de koningin [də kooningin]	*die Königin*
de zanger [də sangər]	*der Sänger*
de zangeres [də sangəress]	*die Sängerin*
de kapper [də kappər]	*der Friseur*
de kapster [də kapsstər]	*die Friseurin*
de acteur [də aktör]	*der Schauspieler*
de actrice [də aktriissə]	*die Schauspielerin*

TR. 47

meer [meer]	*mehr*
de informatie [de informaatssii]	*die Information, die Informationen*
de openingstijden [də oopəningsstäjdə]	*die Öffnungszeiten*
dagelijks [daachələks]	*täglich*
geopend [chəoopənt]	*geöffnet*
van...tot [fan...tot]	*von ... bis*
behalve [bəhalfə]	*außer*
de feestdag [də feessdach]	*der Feiertag*
de werkdag [də werəkdach]	*der Arbeitstag*
Nieuwjaar [niiwjaar]	*Neujahr*

Pasen [paassə] — *Ostern*
Hemelvaartsdag [heeməlfaartssdach] — *Christi Himmelfahrt*
Pinksteren [pinkstərə] — *Pfingsten*
Kerst [kersst] — *Weihnachten*
Koningsdag [kooningssdach] — *Königstag*

TR. 48

de toegangsprijs [də tuchangsspräjss] — *der Eintrittspreis*
de entreeprijs [də antreepräjs] — *der Eintrittspreis*
t/m (tot en met) [tot en met] — *bis einschließlich*
de volwassene [də folwassənə] — *der Erwachsene*
de toegang [də tuchang] — *der Eintritt*
de scholier [də ss-chooliir] — *der Schüler/die Schülerin*
de 65+'er [də fäjfəsesstəchplüssər] — *jemand von 65 Jahren oder älter*
de senior [də sseenior] — *der Senior/die Seniorin*
mensen met een beperking [menssə met ən bəperking] — *Personen mit einer Behinderung*
de familiekaart [də faamiiliikaart] — *die Familienkarte*
CJP (Culturele Jongerenpas) [sseejeepee kültüüreelə jongərəpass] — *Ermäßigungskarte für Personen bis 30 Jahre für kulturelle Veranstaltungen*
de museumkaart [də müüsseeümkaart] — *Ermäßigungskarte für Museen*

TR. 49

de giraffe [də schiiraf] — *die Giraffe*
de olifant [də ooliifant] — *der Elefant*
de leeuw [də leew] — *der Löwe*
de pinguïn [də pingwiin] — *der Pinguin*
de aap [də aap] — *der Affe*
de krokodil [də krookoodil] — *das Krokodil*
het nijlpaard [het näjlpaart] — *das Nilpferd*
de neushoorn [də nöshoorn] — *das Nashorn*
de zeehond [də seehont] — *der Seehund*
de papagaai [də papaachaai] — *der Papagei*
aaien [aaiə] — *streicheln*
de kinderboerderij [də kindərburdəräj] — *der Streichelzoo*

voeren [furə] *füttern*
de verzorging [də fərsorching] *die Pflege*
het konijn [hət koonäjn] *das Kaninchen*
de geit [də chäjt] *die Ziege*
de cavia [də kaafiiaa] *das Meerschweinchen*
het schaap [hət ss-chaap] *das Schaf*
de koe [də ku] *die Kuh*
het varken [hət farkə] *das Schwein*
de hond [də hont] *der Hund*
de kat [də kat] *die Katze*

Sie können sich nun über Öffnungszeiten und Eintrittspreise informieren und Sie können viele Tiere benennen. Hören Sie sich noch einmal die Informationen an.

TR. 50

- ○ Welkom bij onze dierentuin.
- ● Als u met een medewerker wil spreken, kies 1.
- ○ Voor meer informatie over de openingstijden, kies 2.
- ● Onze dierentuin is dagelijks geopend van 9 tot 19 uur, behalve op zon- en feestdagen, dan zijn we geopend van 10 tot 18 uur.
- ○ Voor meer informatie over de toegangsprijzen, kies 3
- ● Kinderen van 4 tot en met 16 jaar betalen € 21,50 en volwassenen betalen € 24. Voor kinderen onder 3 jaar is de toegang gratis.

Die folgenden Bausteine helfen Ihnen beim Erklären der Öffnungszeiten.

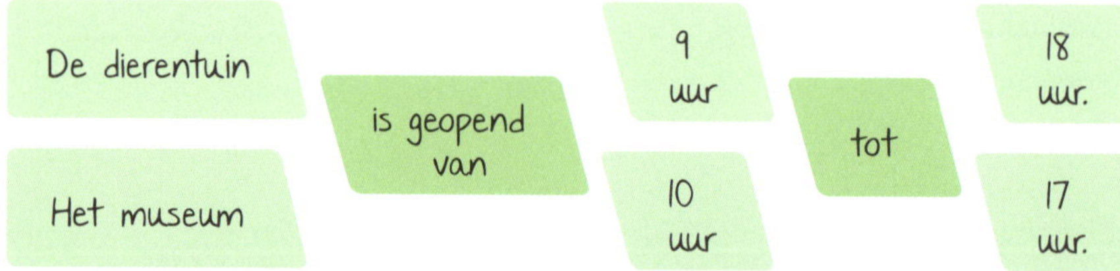

10 FIETSEN
RADFAHREN

In den Niederlanden gibt es mehr Fahrräder als Einwohner. Das Fahrrad gehört zu den wichtigsten Transportmitteln. Die Kinder fahren auf dem Rad zur Schule, man geht damit einkaufen oder zur Arbeit. Das Rad wird vor allem im Alltag verwendet, aber in den letzten Jahren fahren auch immer mehr Menschen in ihrer Freizeit Rad. Ob mit einem Rennrad, Mountainbike oder E-Bike, Radeln ist ein beliebtes Hobby. Flandern und die Niederlande sind ideal zum Radeln. Es gibt eine hervorragende Infrastruktur und ein ausgeklügeltes Knotenpunktesystem, das Ihnen wunderschöne Radtouren auf über 35.000 km Radweg ermöglicht. Sie haben kein Fahrrad zur Hand? Dann mieten Sie eins!

Viele Campingplätze, Ferienparks oder Hotels **verhuren** [fərhüürə] *vermieten* Fahrräder. Mieten Sie doch mal ein Rad und machen Sie eine schöne Tour durch die niederen Lande. Es werden Ihnen keine Berge im Weg sein, höchstens etwas Gegenwind.

We willen graag | een fiets | huren.

[wə wilə chraach ən fiitss hüürə]
Wir möchten gerne ein Fahrrad mieten.

Auf dem ersten Blick bringt das Wort **huren** [hüürə] *mieten* Sie vielleicht zum Schmunzeln. Es ist einer der vielen falschen Freunde. Sie werden diesem Wort aber öfter begegnen, wenn Sie Urlaub in Flandern oder den Niederlanden machen. **Vakantiehuis te huur** [fakanssiihöjss tə hüür] *Ferienhaus zu vermieten* beispielsweise können Sie in einer Suchmaschine im Internet eingeben, wenn Sie nach einem Ferienhaus suchen. Sie möchten nun aber ein Fahrrad.

[wat foor ən fiitss wilt üü hüürə]
Was für ein Fahrrad möchten Sie mieten?

Es gibt viele verschiedene Fahrräder. Hier ist eine Liste mit den bekanntesten Fahrrädern:

damesfiets [daaməssfiitss] *Damenrad*
herenfiets [heerəfiitss] *Herrenrad*
kinderfiets [kindərfiitss] *Kinderrad*
racefiets [reessfiitss] *Rennrad*
mountainbike [mauntənbäjk] *Mountainbike*
bakfiets [bakfiitss] *Lastenrad*
elektrische fiets [eelektriissə fiitss] *E-Bike*

Ein E-Bike wird im Niederländischen auch oft e-bike genannt. Es gibt übrigens bei vielen Touristeninfos, Hotels oder Restaurants Auflademöglichkeiten für Ihr E-Bike.

Dies ist nur eine kleine Auswahl. Es gibt noch viele besondere Fahrräder, wie zum Beispiel das sogenannte *Mutterrad*: **moederfiets** [mudərfiitss]. Dies ist ein besonders stabiles Fahrrad mit einem doppelten Ständer, so dass das Rad nicht umfällt, wenn

man die Kinder in die Kindersitze setzt und mit einem niedrigen Einstieg, um schnell auf- oder absteigen zu können und es hat genug Platz für Einkaufstaschen. Es ist keine Seltenheit, eine Mutter mit zwei Kindern und zwei Einkaufstaschen auf einem Fahrrad zu sehen.
Ein **omafiets** [oomaafiitss] dagegen ist das, was man in Deutschland ein *Hollandrad* nennt. Der Rahmen ist gebogen und das Lenkrad ist höher als der Sattel platziert, so dass man beim Radeln bequem aufrecht sitzt.
Und schließlich gibt es noch ein **bromfiets** [bromfiitss]. Man sieht dieses Wort oft auf Verkehrsschildern und es bedeutet *Mofa*. Ein Fahrradweg darf nämlich auch von einem Mofa befahren werden. Das Geräusch, das ein **bromfiets** macht, klingt auch ein wenig wie **brrrommm**, nicht wahr?

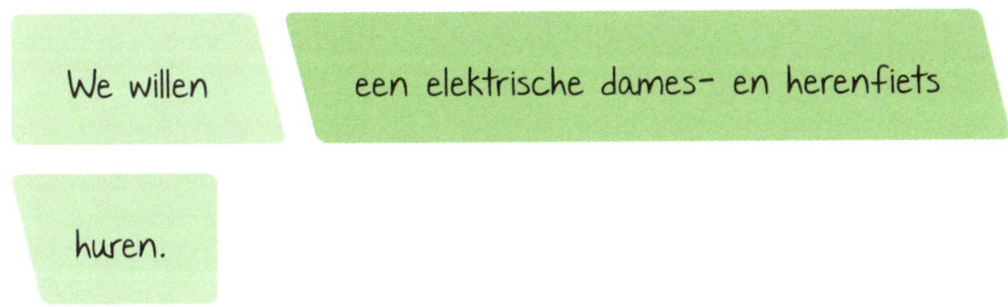

[wə wilə ən eelektrissə daaməss en heerəfiitss hüürə]
Wir möchten ein elektrisches Damen- und Herrenrad mieten.

Wenn Sie ein Kind auf dem Fahrrad mitnehmen möchten, dann sollten Sie auch einen Kindersitz dazu mieten. Für Kinder unter acht Jahren ist so ein Sitz verpflichtend. Personen, die älter sind – auch Erwachsene – dürfen auf dem Gepäckträger ohne Sitz mitgenommen werden.

Heeft u een kinderzitje?

[heeft üü ən kindərsitjə]
Haben Sie einen Kindersitz?

Die **kinderzitjes** [kindərsitjəss] oder auch **kinderstoeltjes** [kindərsstultjəss] *Kindersitze* können auf dem Gepäckträger oder am Lenkrad befestigt werden. Werden Sie allerdings am Lenkrad befestigt, dann können in diesen Sitzen nur Kinder bis drei Jahre transportiert werden. Es gibt auch doppelte Kindersitze für den Gepäckträger. So können Sie also bis zu drei Kinder auf einem Fahrrad transportieren.

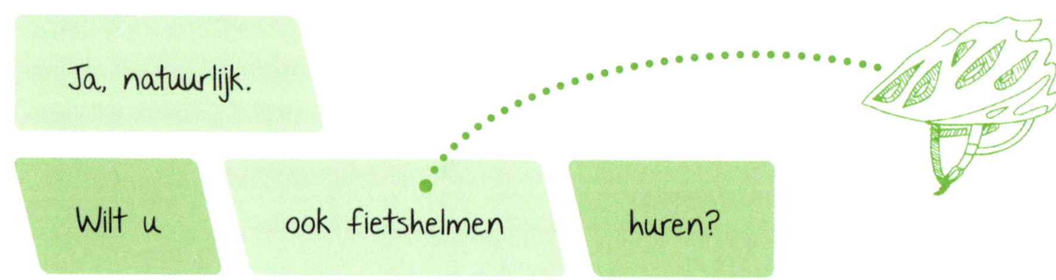

[jaa naatüürlək. wilt üü ook fiitsshelmə hüürə]
Ja, natürlich. Möchten Sie auch Fahrradhelme mieten?

In Flandern und den Niederlanden ist das Tragen eines Helms nicht verpflichtend. Es ist aber dennoch ratsam, einen zu tragen. Vor allem Kindern und Senioren wird das Tragen eines Helms geraten, nichtsdestotrotz werden Sie kaum Fahrradfahrer mit einem Helm sehen. Wenn das Radeln allerdings als Sport ausgeübt wird, tragen die meisten schon einen Helm. Rennradfahrer können Geschwindigkeiten von über 40 km/h erreichen und Mountainbiker fahren oft auf unebenen Wegen in der Natur. Die Durchschnittsgeschwindigkeit eines alltäglichen Fahrradfahrers ist ca. 15 km/h. Das ist immer noch sehr schnell, vor allem wenn man als Fußgänger von einem Radfahrer erfasst wird. Dies kann einem Touristen vor allem in den Großstädten passieren. Die meisten Touristen sind Radfahrer und Radwege nicht gewohnt und vergessen somit, aufzupassen. Denken Sie daran: Radfahrer sind überall, sind schnell und nehmen nicht so gerne Rücksicht auf andere Verkehrsteilnehmer, die „ihren" Radweg nutzen.

Nee, | we hebben | geen helm | nodig.

[nee wə hebə cheen heləm noodəch]
Nein, wir brauchen keinen Helm.

Das Verb *brauchen* muss man im Niederländischen mit zwei Wörtern ausdrücken: **nodig hebben** [noodəch hebə]. Sie sagen eigentlich *nötig haben*.

Einen verneinenden Satz können Sie mit der Verneinung **nee** [nee] *nein* anfangen, zusätzlich stellen Sie ein **geen** [cheen] *kein* vor das Nomen. Sie haben dies schon mal im Kapitel vier kennengelernt, als der Marktkaufmann keine Erdbeeren hatte.
Sie können eine Verneinung auch mit **niet** [niit] *nicht* bilden. Das Wort **niet** wird dann nicht vor das Nomen gestellt, sondern vor den Infinitiv, wenn Sie einen Satz mit einem Modalverb oder einem anderen Hilfsverb bilden.

Ein Beispiel mit einem Modalverb: **Ik kan morgen komen.** [ik kann morchə koomə] *Ich kann morgen kommen.* und die Verneinung: **Ik kan morgen niet komen.** [ik kann morchə niit koomə] *Ich kann morgen nicht kommen.*
Und ein Beispiel mit einem Hilfsverb: **De dierentuin is geopend.** [də diirətöjn iss chəo-opənt] *Der Zoo ist geöffnet.* und die Verneinung: **De dierentuin is niet geopend.** [də diirətöjn iss niit chəoopənt] *Der Zoo ist nicht geöffnet.*

Jetzt sind Sie dran.

Machen Sie aus den nächsten Sätzen verneinende Sätze:

1. Ruud wil een elektrische fiets huren.

2. We moeten volgend weekend fietsen.

3. Tante Mieke wil een helm.

4. Jullie hebben een kinderzitje nodig.

5. Julia kan goed fietsen.

Lösung
1. Ruud wil geen elektrische fiets huren.
2. We moeten volgend weekend niet fietsen.
3. Tante Mieke wil geen helm.
4. Jullie hebben geen kinderzitje nodig.
5. Julia kan niet goed fietsen.

Der Radvermieter kommt mit zwei Rädern und sagt:

Probeert u	deze fietsen	eens uit.

[probeert üü deesə fiitssə eenss öjt]
Testen Sie diese Räder mal.

Wörtlich sagt er, dass Sie diese Räder mal ausprobieren sollten. Er möchte natürlich überprüfen, ob Sattel und Lenkräder die richtige Höhe haben.

In diesem Satz wird das sogenannte Demonstrativpronomen **deze** [deesə] *diese* verwendet. Es gibt im Niederländischen vier Demonstrativpronomen. Man kann mit diesen Pronomen auf einen Gegenstand oder eine Person in Ihrer Nähe, also hier oder von Ihnen entfernt, also dort verweisen. Die Demonstrativpronomen richten sich nicht nach dem Geschlecht des Wortes, so wie im Deutschen, sondern danach, ob es ein sogenanntes **de-** oder **het**-Wort ist, erinnern Sie sich aus Kapitel 3?
In der folgenden Tabelle finden Sie die vier Demonstrativpronomen sortiert nach **de-** oder **het**-Wort und Örtlichkeit.

	hier	dort
de-Wort	**deze** [deesə] *diese/r/s/...*	**die** [dii] *jene/r/s/...*
het-Wort	**dit** [dit] *diese/r/s/...*	**dat** [dat] *jene/r/s/...*

Wenn Sie also auf ein Fahrrad, welches ein **de**-Wort ist: **de fiets** [də fiitss] in Ihrer direkten Nähe verweisen, sagen Sie **deze fiets** [deesə fiitss] *dieses Rad*. Und wenn Sie auf ein Fahrrad, das weiter weg steht, verweisen, sagen Sie **die fiets** [dii fiitss] *jenes Rad*. Das Gleiche gilt für **het**-Wörter, wie zum Beispiel *das Buch*, **het boek** [hət buk]. Wenn Sie auf ein Buch in Ihrer Hand verweisen, sagen Sie **dit boek** [dit buk] *dieses Buch*. Wenn Sie auf ein Buch im Regal verweisen, sagen Sie **dat boek** [dat buk] *jenes Buch*.

Jetzt sind Sie dran.

Fügen Sie die richtigen Demonstrativpronomen in die folgenden Sätze ein:

1. Daar ligt een boek. Kun je me ________ boek even geven?

2. Hier is een damesfiets. Wil je ________ fiets huren?

3. Zie je ________ tas daar?

4. Ik wil ________ vakantiehuis en niet ________ daar.

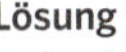

Lösung
1. dat; **2.** deze; **3.** die; **4.** dit, dat

Kunt u dit zadel wat lager zetten?

[künt üü dit saadəl wat laachər zetə?]
Können Sie den Sattel etwas tiefer stellen?

Die Steigerungsform wird im Niederländischen, wie im Deutschen, mit **-er** gebildet.

Das Wort **lager** [laachər] *tiefer* ist die Steigerungsform des Adjektivs **laag** [laach] *tief*. Die Steigerungsform wird, wie im Deutschen, mit dem Adjektiv + **er** gebildet. Aus Aussprachegründen, damit das **-a** immer lang ausgesprochen wird, wird das einsilbige **laag** mit zwei **a**, das zweisilbige **lager** hingegen mit einem **a** geschrieben.

Bei der Steigerungsform gibt es einige Ausnahmen. Wenn das Adjektiv auf ein **-r** endet, bekommt die Steigerungsform ein extra **d**, also **-der**, zum Beispiel **duur** [düür] *teuer* wird **duurder** [düürdər] *teurer*. Bei sehr langen Adjektiven, die aus drei oder mehr Silben bestehen, kann man statt der Endung **-er**, auch **meer** [meer] *mehr* vor das Adjektiv stellen, zum Beispiel: **meer verkeersveilig** [meer fərkeerssfäjləch] *verkehrssicherer*.
Wenn Sie zwei Sachen miteinander vergleichen, stellen Sie das Wort **dan** [dan] *als* dazwischen: **deze fiets is groter dan die fiets** [deesə fiitss iss chrootər dan dii fiitss] *dieses Rad ist größer als jenes Rad*. Weiterhin gibt es noch einige unregelmäßige Adjektive:

goed [chut]	*gut*	**beter** [beetər]	*besser*
veel [feel]	*viel*	**meer** [meer]	*mehr*
weinig [wäjnəch]	*weniger*	**minder** [mindər]	*weniger*
graag [chraach]	*gerne*	**liever** [liifər]	*lieber*

Jetzt sind Sie dran.

Fügen Sie die richtige Steigerungsform in die folgenden Sätze ein:

1. Dit museum is (goed) ______ dan dat museum.

2. Een hond is (klein) ______ dan een olifant.

3. Een glas rode wijn is (duur) ______ dan een kopje thee.

4. Ik eet graag pannenkoeken, maar ik eet (graag) ______ poffertjes.

Lösung
1. beter; **2.** kleiner; **3.** duurder; **4.** liever

Nun ist es noch wichtig, zu wissen, welche Teile ein Fahrrad hat, falls Sie mal etwas reparieren oder anpassen lassen möchten.

frame [freem]	*Rahmen*
stuur [sstüür]	*Lenkrad*
bel [bel]	*Klingel*
koplamp [koplamp]	*Frontlicht*
achterlicht [achtərlicht]	*Rücklicht*
bagagedrager [baachaaschədraachər]	*Gepäckträger*
fietsband [fiitssbant]	*Fahrradreifen*
wiel [wiil]	*Rad*
spatbord [sspatbort]	*Schutzblech*
ketting [keting]	*Kette*
fietstas [fiitsstass]	*Radtasche*

Jetzt sind Sie dran.

Hier finden Sie nun alle neuen Wörter dieser Lektion. Gibt es Wörter, die Sie sich einfach nicht merken können? Schreiben Sie diese Vokabeln auf ein großes Blatt Papier und hängen Sie dieses „Vokabelposter" an einer Stelle auf, an die Sie oft schauen. Mit der Zeit werden Sie es so schaffen, sich auch diese „widerspenstigen" Vokabeln einzuprägen!

TR. 51

fietsen [fiitssə] *Radfahren*
verhuren [fərhüürə] *vermieten*
de fiets [də fiitss] *das Fahrrad*
het vakantiehuis [hət fakanssiihöjss] *das Ferienhaus*
te huur [tə hüür] *zu vermieten*
wat voor een [wat foor een] *was für ein*
de damesfiets [də daaməssfiitss] *das Damenrad*
de herenfiets [də heerəfiitss] *das Herrenrad*
de kinderfiets [də kindərfiitss] *das Kinderrad*
de racefiets [də reessfiitss] *das Rennrad*
de mountainbike [də mauntənbäjk] *das Mountainbike*
de bakfiets [də bakfiitss] *das Lastenrad*
de elektrische fiets [də eelektrissə fiitss] *das Elektrorad*
de e-bike [də iibäjk] *das E-Bike*
de moederfiets [də mudərfiitss] *ein stabiles Rad speziell für Mütter*
de omafiets [də oomaafiitss] *das Hollandrad*
de bromfiets [də bromfiitss] *das Mofa*

TR. 52

het kinderzitje [hət kindərsitjə] *der Kindersitz*
het kinderstoeltje [hət kindərsstultjə] *der Kindersitz*
natuurlijk [naatüürlək] *natürlich*
de fietshelm [də fiitsshelәm] *der Fahrradhelm*
nodig hebben [noodəch hebə] *brauchen, benötigen*
niet [niit] *nicht*

10 FIETSEN

uitproberen [öjtproobeerə]	*ausprobieren, versuchen*
eens [eenss]	*einmal*
deze [deesə]	*diese/r/s/...*
die [dii]	*jene/r/s/...*
dit [dit]	*diese/r/s/...*
dat [dat]	*jene/r/s/...*

TR. 53

het zadel [hət saadəl]	*der Sattel*
laag [laach]	*tief*
lager [laachər]	*tiefer*
zetten [setə]	*stellen*
duur [düür]	*teuer*
duurder [düürdər]	*teurer*
verkeersveilig [fərkeerssfäjləch]	*verkehrssicher*
meer verkeersveilig [meer fərkeerss-fäjləch]	*verkehrssicherer*
groter dan [chrootər dan]	*größer als*
groter [chrootər]	*größer*
dan [dan]	*als*
goed [chut]	*gut*
beter [beetər]	*besser*
veel [feel]	*viel*
weinig [wäjnəch]	*wenig*
minder [mindər]	*weniger*
liever [liifər]	*lieber*

TR. 54

het frame [hət freem]	*der Rahmen*
het stuur [hət sstüür]	*das Lenkrad*
de bel [də bel]	*die Klingel*
de koplamp [də koplamp]	*das Frontlicht*
het achterlicht [hət achtərlicht]	*das Rücklicht*
de bagagedrager [də baachaaschə-draachər]	*der Gepäckträger*

de fietsband [də fiitssbant] — *der Fahrradreifen*
het wiel [hət wiil] — *das Rad*
het spatbord [hət sspatbort] — *das Schutzblech*
de ketting [də keting] — *die Kette*
de fietstas [də fietsstass] — *die Fahrradtasche*

Sie können nun ein Fahrrad mieten und Sie können Gegenstände oder Personen miteinander vergleichen, indem Sie die Steigerungsform verwenden. Hören Sie sich noch einmal die dazugehörenden Sätze an:

TR. 55

○ We willen graag een fiets huren.
● Wat voor een fiets wilt u huren?
○ We willen een elektrische dames- en herenfiets huren. Heeft u een kinderzitje?
● Ja natuurlijk. Wilt u ook fietshelmen huren?
○ Nee, we hebben geen helm nodig.
● Probeert u deze fietsen eens uit.
○ Kunt u het zadel wat lager zetten?

Die folgenden Bausteine helfen Ihnen beim Mieten eines Fahrrads und beim Vergleichen von Gegenständen.

11 ONGELUKJE
KLEINER UNFALL

Da es in den Niederlanden viele Fahrräder gibt, sind die Straßenverhältnisse auch anders. So sollten Sie beim Rechtsabbiegen immer ganz genau aufpassen, ob sich kein Fahrrad zwischen Ihrem Auto und dem Gehsteig befindet. Insbesondere im Kreisverkehr passieren viele Unfälle, da die Radfahrer auch hier im Kreisel Vorfahrt haben. Andersherum sollten Sie natürlich auch extra gut auf die Autos achten, wenn Sie mit dem Fahrrad unterwegs sind, damit kein Unfall passiert. Wenn doch, lernen Sie in diesem Kapitel, wie man sich dann ausdrücken kann.

ongeluk
Unfall

Help!
Hilfe!

pijn
Schmerz

ziekenhuis
Krankenhaus

dokter
Dokter

Mit Ihrem gemieteten Fahrrad machen Sie einen Ausflug. Plötzlich springt ein Hund auf den Radweg, dem Sie leider nicht mehr ausweichen können. Sie machen eine Vollbremsung und stürzen dabei ganz unglücklich. Das Herrchen des Hundes kommt sofort auf Sie zu und fragt:

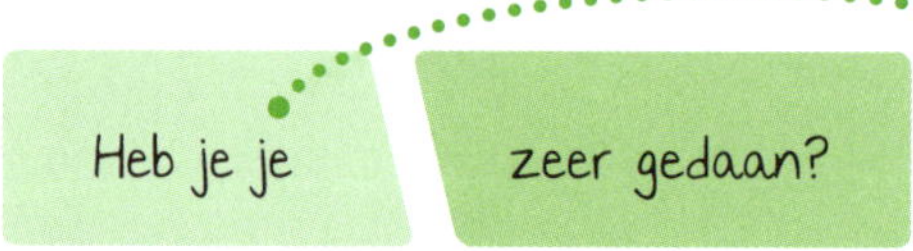

[heb jə jə seer chədaan]
Hast du dir wehgetan?

Reflexivpronomen:
ik – me [ik mə] *ich – mir/mich*
je – je [jə jə] *du – dir/dich*
u/hij/ze – zich [üü/häj/sə sich] *Sie/er/sie – sich*
we – ons [wə onss] *wir – uns*
jullie – je [jülii jə] *ihr – euch*
ze – zich [sə - sich] *sie – sich*

Er hätte auch fragen können: *Hast du dich verletzt?* **Heb je je verwond?** [heb jə jə fərwont]. In beiden Fällen wird ein sogenanntes Reflexivverb benutzt. Bei Reflexivverben braucht man ein Reflexivpronomen. Wie im Deutschen benutzen Sie **zich** [sich] *sich* für **hij** [häj] *er* und **ze** [sə] *sie* in der Einzahl und **ze** [sə] *sie* in der Mehrzahl. Darüber hinaus auch für die Höflichkeitsform **u** [üü] *Sie*. Wenn man Sie fragt, antworten Sie mit dem Reflexivpronomen **me** [mə] *mir*:

Ik heb me | maar een beetje | zeer gedaan.

[ik heb mə maar ən beetjə seer chədaan]
Ich habe mir nur ein bisschen wehgetan.

Das Hundeherrchen macht sich aber doch Gedanken und schlägt vor:

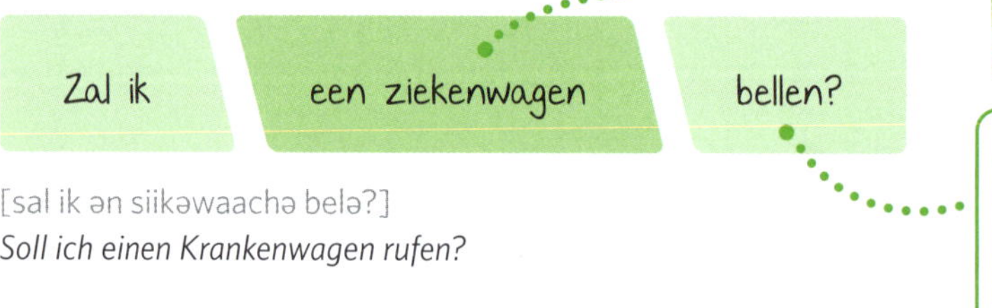

[sal ik ən siikəwaachə belə?]
Soll ich einen Krankenwagen rufen?

Achtung falscher Freund! **bellen** [belə] heißt *anrufen* und kommt von **bel** [bel] *Klingel*

In einem Notfall rufen Sie natürlich die *Notrufnummer* **alarmnummer** [alarəmnümər] an, die wie in Deutschland die 112 ist. Dann kommt ein **ziekenwagen** [siikəwaachə] *Krankenwagen*, der Sie ins **ziekenhuis** [siikəhöjs] *Krankenhaus* bringt.

Das Wort **bellen** [belə] hat übrigens nichts mit Hunden zu tun. Es heißt *anrufen*. Niederländischsprachige Hunde **blaffen** [blafə] *bellen*.
Aber zum Glück ist es nicht so schlimm. Sie brauchen keinen Krankenwagen.
Das Hundeherrchen gibt Ihnen jedoch folgenden Rat:

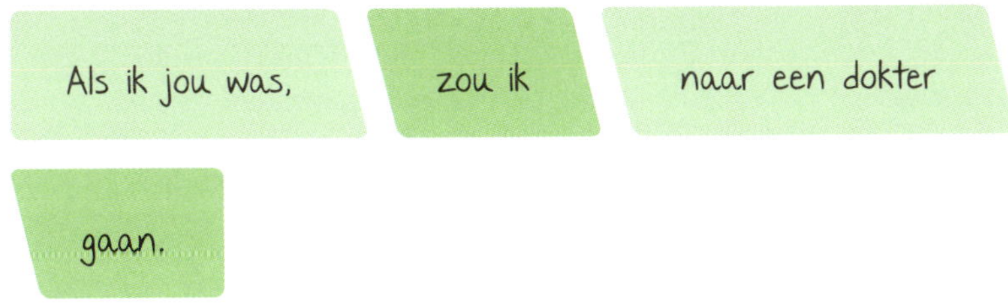

[alss ik jau wass sau ik naar ən doktər chaan]
Wenn ich du wäre, würde ich zu einem Arzt/zu einer Ärztin gehen.

Wenn Sie jemandem einen Rat geben möchten, können Sie zuerst die Bausteine **als ik jou was** [alss ik jau wass] *wenn ich du wäre* und **zou ik** [sau ik] *würde ich* einsetzen und anschließend Ihren Rat formulieren.
Sie nehmen den Rat an und gehen zu einem Arzt, um überprüfen zu lassen, ob Sie nichts gebrochen haben. Falls Sie in den Niederlanden wohnen, müssen Sie bei einem Hausarzt registriert sein, um behandelt zu werden. Wenn Sie aber ausländischer Bürger der Europäischen Union sind, dürfen Sie mit Ihrer Krankenversicherung jeden beliebigen niederländischen Arzt besuchen. Man geht immer zuerst zum Hausarzt, der Sie dann an einen Spezialisten überweist. Den einzigen Spezialisten, den Sie direkt besuchen können, ist der **tandarts** [tandartss] *Zahnarzt*.
Im Niederländischen sprechen Sie den Arzt wie auch die Ärztin mit **dokter** [doktər] an. Die Berufsbezeichnung ist **arts** [artss]. In diesem Fall fragt der Arzt, wo Sie Schmerzen haben:

[waar heeft üü päjn]
Wo haben Sie Schmerzen?

Im Gegensatz zum Deutschen *Schmerzen* ist **pijn** [päjn] immer in der Einzahl.

[mən polss dut päjn]
Mein Handgelenk tut weh.

Körperteile benennt man immer mit einem Possessivpronomen, wie hier **mijn** [mən] *mein*. Erinnern Sie sich noch an diese Pronomen aus Kapitel 3?

Einen Schmerz können Sie ausdrücken mit **pijn** [päjn]: **mijn pols doet pijn** [mən polss dut päjn] *mein Handgelenk schmerzt* oder mit **zeer** [seer]: **mijn pols doet zeer** [mən polss dut seer], was im Grunde genommen genau das Gleiche bedeutet. Eine dritte Variante wäre noch: **ik heb pijn aan mijn pols** [ik heb päjn aan mən polss], was dann wörtlich *ich habe Schmerzen an meinem Handgelenk* heißen würde.
Aber vielleicht haben Sie sich am Knie oder an einem anderen Körperteil verletzt? Hier finden Sie einige Körperteile aufgelistet:

voet [fut]	*Fuß*
enkel [enkəl]	*Fußgelenk*
been [been]	*Bein*
knie [knii]	*Knie*
heup [höp]	*Hüfte*
buik [böjk]	*Bauch*
rug [rüch]	*Rücken*
schouder [ss-chaudər]	*Schulter*
arm [arəm]	*Arm*
ellenboog [eləbooch]	*Ellbogen*
hand [hant]	*Hand*
hoofd [hooft]	*Kopf*
oog [ooch]	*Auge*
oor [oor]	*Ohr*
neus [nöss]	*Nase*

Achtung falscher Freund!
enkel [enkəl] = *Fußgelenk*
Enkel = **kleinkind** [kläjnkint]

Man kann das Wort **pijn** [päjn] *Schmerzen* auch mit dem Körperteil verbinden. Sie können dann sagen: **ik heb buikpijn** [ik heb böjkpäjn] *ich habe Bauchschmerzen.*

Es gibt einige Schmerzen, die im Niederländischen anders ausgedrückt werden. *Halsschmerzen* heißt auf Niederländisch nämlich **keelpijn** *[keelpäjn]*. Sie können das Wort **keel** [keel] ganz einfach vom deutschen Wort *Kehle* ableiten. Ein weiteres Beispiel ist

kiespijn [kiisspäjn] *Zahnschmerzen*. Der *Zahn* heißt im Niederländischen **tand** [tant] und der *Backenzahn* heißt **kies** [kiiss]. Da man meistens Probleme mit den Backenzähnen hat, hat man im Niederländischen folglich eher **kiespijn** [kiisspäjn] als **tandpijn** [tantpäjn] *Zahnschmerzen*.

Sie könnten außerdem noch andere Beschwerden haben:

ik ben misselijk [ik ben missələk] *mir ist übel*
ik ben duizelig [ik ben döjsələch] *mir ist schwindlig*
ik heb koorts [ik heb koortss] *ich habe Fieber*
ik heb uitslag [ik heb öjtsslach] *ich habe Ausschlag*

Jetzt sind Sie dran.

Waar hebt u pijn?
Beantworten Sie diese Frage und setzen Sie das genannte Körperteil ein. Versuchen Sie abwechselnd zu antworten und alle gelernten Varianten einzusetzen:

1. Knie

2. Kopf

3. Ohr

4. Hals

Lösung
1. Mijn knie doet pijn/zeer. /Ik heb pijn aan mijn knie. /Ik heb kniepijn.
2. Mijn hoofd doet pijn/zeer. /Ik heb pijn aan mijn hoofd. /Ik heb hoofdpijn.
3. Mijn oor doet pijn/zeer./ Ik heb pijn aan mijn oor. /Ik heb oorpijn.
4. Mijn keel doet pijn/zeer. /Ik heb pijn aan mijn keel. /Ik heb keelpijn.

Zur Sicherheit möchte der Arzt ein Röntgenbild von Ihrem Handgelenk machen.

[wə chaan ən footoo fan üüw polss maakə]
Wir werden eine Aufnahme von Ihrem Handgelenk machen.

In Flandern und den Niederlanden gibt es ein sehr gutes Gesundheitssystem, vergleichbar mit dem Gesundheitsangebot in den deutschsprachigen Ländern. Die gesetzliche Krankenkasse übernimmt in der Regel die Kosten für Schadensfälle, aber oftmals müssen Sie zuerst die Kosten übernehmen.

Nachdem das Röntgenfoto gemacht wurde, sprechen Sie mit dem Arzt über die Ergebnisse. Zum Glück hat er gute Nachrichten:

[üu heeft niitss chəbrookə. üü heeft üüw polss fərsstöjkt]
Sie haben nichts gebrochen. Sie haben Ihr Handgelenk verstaucht.

Sie sehen, dass in diesen zwei kleinen Sätzen in der Vergangenheit gesprochen wird. Es ist nämlich schon passiert. Sie verwenden in einem solchen Fall die Vergangenheitsform Perfekt. Das Perfekt setzt sich wie im Deutschen aus einer Form des Verbs **hebben** [hebə] *haben* oder des Verbs **zijn** [säjn] *sein* und einem sogenannten Partizip zusammen. Die Partizipien in den obigen Sätzen sind **gebroken** [chəbrookə] *gebrochen* und **verstuikt** [fərsstöjkt] *verstaucht.*

Hier folgen noch einige Verben mit dem jeweiligen Partizip, die nützlich sein können, wenn Sie über einen kleinen Unfall oder eine Verletzung berichten möchten:

vallen [falə] **gevallen** [chəfalə]	*fallen* *gefallen*	**Ik ben met mijn fiets gevallen.** [ik ben met mən fiitss chəfalə] *Ich bin mit meinem Rad gefallen.*
snijden [ssnäjdə] **gesneden** [chəssneedə]	*schneiden* *geschnitten*	**Ik heb me in mijn vinger gesneden.** [ik heb mə in mən fingər chəssneedə] *Ich habe mir in meinen Finger geschnitten.*
stoten [sstootə] **gestoten** [chəsstootə]	*stoßen* *gestoßen*	**Ik heb mijn hoofd gestoten.** [ik heb mən hooft chəsstootə] *Ich habe meinen Kopf gestoßen.*
kneuzen [knösə] **gekneusd** [chəknösst]	*prellen* *geprellt*	**Ik heb mijn arm gekneusd.** [ik heb mən arəm chəknösst] *Ich habe meinen Arm geprellt.*

Jetzt sind Sie dran.

Was ist passiert? Beschreiben Sie folgende Situationen im Niederländischen:

1. Sie haben sich in die Hand geschnitten.

2. Sie hat ihr Bein gebrochen.

3. Willem hat sein Fußgelenk verstaucht.

4. Ihre Tochter hat ihr Knie gestoßen.

Lösung
1. Ik heb me in mijn hand gesneden.
2. Ze heeft haar been gebroken.
3. Willem heeft zijn enkel verstuikt.
4. Mijn dochter heeft haar knie gestoten.

Sie sind erleichtert, dass es nichts Schlimmeres ist:

[chləlükəch dat falt mee]
Zum Glück, es ist nicht so schlimm.

Wörtlich steht hier: *das fällt mit*, es ist aber eine Redewendung, die ausdrückt, dass es nicht so schlimm ist, wie Sie erwartet haben. Wenn es andersherum dennoch schlimmer als erwartet ist, sagen Sie: **dat valt tegen** [dat falt teechə], was dann wörtlich heißen würde: *das fällt gegen*, oder auch *das ist schlimmer als erwartet*.

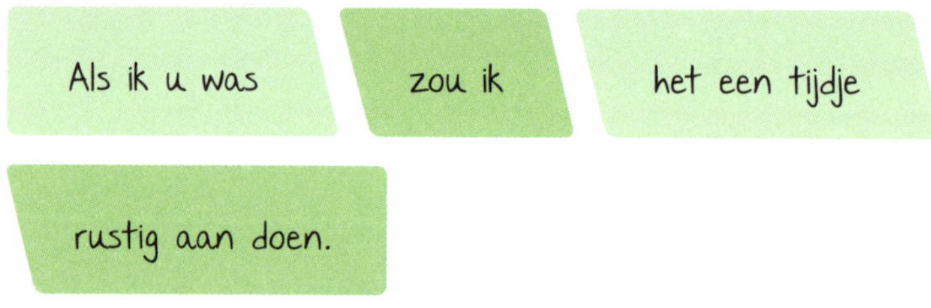

[alss ik üü wass sau ik hət ən täjtjə rüstəch aan dun]
Wenn ich Sie wäre, würde ich es eine Weile ruhig angehen lassen.

Am Anfang dieses Kapitels haben Sie gelernt, mit welchen Bausteinen Sie einen Rat geben können. Erinnern Sie sich? Der Hundebesitzer sagte: **als ik jou was** [alss ik jau wass] *wenn ich du wäre* und **zou ik** [sau ik] *würde ich*. Der Arzt gibt Ihnen nun auf dieselbe Weise einen Rat, wobei er Sie selbstverständlich siezt. Aus **jou** wird **u**, der Rest bleibt gleich.

Das Wort **tijdje** [täjtjə] ist die Verkleinerungsform von **tijd** [täjt] *Zeit* und heißt also eine kleine oder auch kurze Zeit, eine *Weile*. In Lektion 5 haben Sie ja schon gelernt, dass im Niederländischen Verkleinerungsformen gern und oft verwendet werden. Diese Formen dienen nicht nur dazu, um etwas als klein zu kennzeichnen, sondern drücken häufig auch aus, dass etwas nett, angenehm oder gemütlich ist. Sie erkennen die Verkleinerungsformen meistens am -je am Wortende.

Jetzt sind Sie dran.

Geben Sie einen guten Rat! Verwenden Sie dabei den Satz **Als ik jou was, zou ik...** und wählen Sie aus den folgenden Ratschläge den passenden aus: **gaan zitten** | **naar de tandarts gaan** | **thee met honing drinken** | **naar de dokter gaan**.

1. Ik ben op mijn hoofd gevallen.

2. Ik heb erge kiespijn.

3. Ik ben heel duizelig.

4. Ik heb keelpijn.

Lösung
1. Als ik jou was, zou ik naar de dokter gaan.
2. Als ik jou was, zou ik naar de tandarts gaan.
3. Als ik jou was, zou ik gaan zitten.
4. Als ik jou was, zou ik thee met honing drinken.

Jetzt sind Sie dran.

Hier sehen Sie wieder die neuen Wörter aus dieser Lektion. Wiederholen Sie aber auch bekannte Wörter aus vorherigen Kapiteln. Kennen Sie noch die Wörter, die Sie benötigen, um Gemüse einzukaufen, einen Kaffee zu bestellen oder ein Fahrrad zu mieten?

TR. 56

het ongeluk [hət onchəlük] — *der Unfall*
Help! [heləp] — *Hilfe!*
zich zeer doen [sich seer dun] — *sich weh tun, sich verletzen*
ik doe me zeer [ik du mə seer] — *ich tue mir weh*
me [mə] — *mir/mich*

je [jə] *dir/dich, euch*
zich [sich] *sich*
ons [onss] *uns*
zich verwonden [sich fərwondə] *sich verletzen*
de ziekenwagen [də siikəwaachə] *der Krankenwagen*
bellen [belə] *anrufen*
het alarmnummer [hət alarəmnümər] *die Notrufnummer*
het ziekenhuis [hət siikəhöjss] *das Krankenhaus*
blaffen [blafə] *bellen*
Als ik jou was, zou ik … [alss ik jau wass, sau ik] *Wenn ich du wäre, würde ich …*
de dokter [də doktər] *der Arzt/die Ärztin*
de arts [də artss] *der Arzt/die Ärztin*
de tandarts [də tandartss] *der Zahnarzt/die Zahnärztin*

TR. 57

de pijn [də päjn] *der Schmerz*
de pols [də polss] *das Handgelenk*
mijn pols doet zeer [mən polss dut seer] *mein Handgelenk tut weh/schmerzt*
mijn pols doet pijn [mən polss dut päjn] *mein Handgelenk tut weh/schmerzt*
ik heb pijn aan mijn pols [ik heb päjn aan mən polss] *ich habe Schmerzen an meinem Handgelenk*

TR. 58

de voet [də fut] *der Fuß*
de enkel [də enkəl] *das Fußgelenk*
het been [hət been] *das Bein*
de knie [də knii] *das Knie*
de heup [də höp] *die Hüfte*
de buik [də böjk] *der Bauch*
de rug [də rüch] *der Rücken*
de schouder [də ss-chaudər] *die Schulter*
de arm [də arəm] *der Arm*
de elleboog [də eləbooch] *der Ellbogen*
de hand [də hant] *die Hand*

het hoofd [hət hooft] *der Kopf*
het oog [hət ooch] *das Auge*
het oor [hət oor] *das Ohr*
de neus [də nöss] *die Nase*

TR. 59

de buikpijn [də böjkpäjn] *die Bauchschmerzen*
de keel [də keel] *der Hals*
de keelpijn [də keelpäjn] *die Halsschmerzen*
de tand [də tant] *der Zahn*
de kies [də kiiss] *der Backenzahn*
de kiespijn [də kiisspäjn] *die Zahnschmerzen*
ik ben misselijk [ik ben missələk] *mir ist übel*
ik ben duizelig [ik ben döjsələch] *mir ist schwindlig*
ik heb koorts [ik heb koortss] *ich habe Fieber*
ik heb uitslag [ik heb öjtsslach] *ich habe Ausschlag*

TR. 60

de foto [də footoo] *das Foto*
maken [maakə] *machen*
breken [breekə] *brechen*
gebroken [chəbrookə] *gebrochen*
kneuzen [knösə] *prellen*
gekneusd [chəknösst] *geprellt*
verstuiken [fərsstöjkə] *verstauchen*
verstuikt [fərsstöjkt] *verstaucht*
vallen [falə] *fallen*
gevallen [chəfalə] *gefallen*
snijden [ssnäidə] *schneiden*
gesneden [chəssneedə] *geschnitten*
stoten [sstootə] *stoßen*
gestoten [chəsstootə] *gestoßen*
gelukkig [chəlükəch] *zum Glück*
dat valt mee [dat falt mee] *es ist nicht so schlimm*

dat valt tegen [dat falt teechə] *es ist schlimmer als erwartet*
een tijdje [ən täjtjə] *eine Weile*
het rustig aan doen [hət rüstəch aan dun] *es ruhig angehen lassen*

Sie wissen nun, was Sie sagen können, wenn Sie unverhofft einen Arzt besuchen müssen und Sie können auch selbst einen guten Rat geben:

TR. 61

- ● Heb je je zeer gedaan?
- ○ Ik heb me maar een beetje zeer gedaan.
- ● Zal ik een ziekenwagen bellen?
- ○ Als ik jou was, zou ik naar een dokter gaan.

…

- ● Waar heeft u pijn?
- ○ Mijn pols doet pijn.
- ● We gaan een foto van uw pols maken.

…

- ○ U heeft niets gebroken. U heeft uw pols verstuikt.
- ● Gelukkig, dat valt mee.
- ○ Als ik u was, zou ik het een tijdje rustig aan doen.

Die folgenden Bausteine helfen Ihnen Schmerzen auszudrücken und Rat zu geben.

12 KOOPJE
SCHNÄPPCHEN

Vielleicht haben Sie beim kleinen Radunfall Ihre Hose beschädigt oder möglicherweise haben Sie vergessen, ein wichtiges Kleidungstück einzupacken. Für einen Einkaufsbummel braucht es jedoch nicht immer einen Grund. In den Großstädten von Flandern und den Niederlanden gibt es viele Fußgängerzonen, aber es macht auch Spaß, auf Märkten oder in den kleinen Badeorten bummeln zu gehen. Oft findet man hier kleine Spezialgeschäfte mit schönen Dekorationen oder Badezubehör. In diesem Kapitel finden Sie einige Bausteine, die Ihnen beim Einkauf helfen.

Das niederländische Wort für *Geschäft* ist **winkel** [winkəl] und Sie können das Wort mit den Produkten, die man dort kauft, kombinieren. So ist ein *Gemüsegeschäft* ein **groentewinkel** [chruntəwinkəl] und ein *Kleidungsgeschäft* ein **kledingwinkel** [kleedingwinkəl]. Sie können aus diesem Wort auch ein Verb bilden: **winkelen** [winkələ], was dann *bummeln* bedeutet. Heute möchten Sie nach Damenbekleidung schauen.

Heeft u | ook | dameskleding?

[heeft üü ook daaməsskleeding]
Haben Sie auch Damenkleidung?

Wenn Sie nach *Herrenkleidung* suchen, fragen Sie nach **herenkleding** [heerəkleeding] und *Kinderkleidung* heißt **kinderkleding** [kindərkleeding]. Aber vielleicht suchen Sie nicht etwas für eine bestimmte Person, sondern für einen bestimmten Zweck, beispielsweise *Sportkleidung* **sportkleding** [ssportkleeding]. Das ist doch einfach! Diese Beispiele zeigen nochmals, wie sehr sich Niederländisch und Deutsch ähneln.

[üü fint də daamesskleeding op də tweedə fərdiiping]
Sie finden die Damenkleidung im zweiten Stock.

Erinnern Sie sich noch an die Ordnungszahlen aus Kapitel 8?

Ein *Stockwerk* heißt im Niederländischen **verdieping** [fərdiiping] oder **etage** [eetaaschə]. Wenn Sie in einen **lift** [lift] *Aufzug* steigen, sehen Sie außer den Zahlen der einzelnen Stockwerke auch die Buchstaben **BG**, die **begane grond** [bəchaanə chront] *Erdgeschoss* bedeuten. Falls Sie nicht mit dem Aufzug fahren wollen, nehmen Sie doch einfach die **roltrap** [roltrap] *Rolltreppe*.

[kan ik üü helpə]
Kann ich Ihnen helfen?

Die meisten Kunden möchten sich umschauen. Wenn Sie keine Hilfe brauchen, können Sie dies ganz direkt sagen: **Nee dank u, ik wil alleen kijken.** [nee dank üü ik wil aleen käjkə], *Nein danke, ich möchte nur schauen.*, aber Sie können auch sagen, wonach Sie auf der Suche sind:

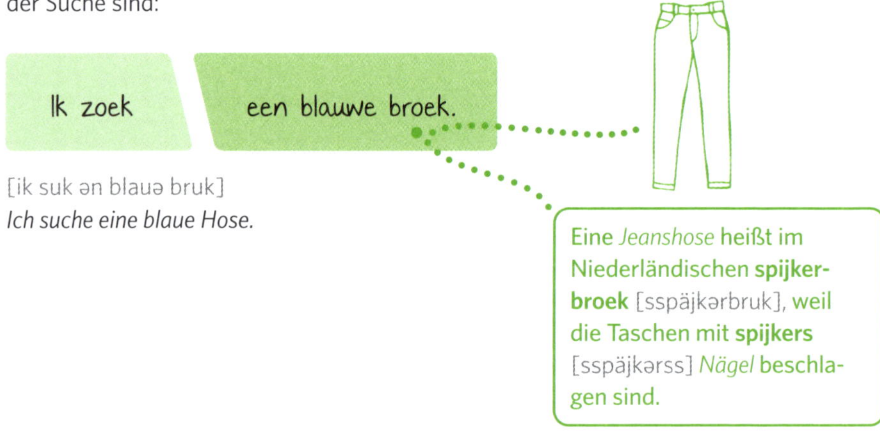

[ik suk ən blauə bruk]
Ich suche eine blaue Hose.

Eine *Jeanshose* heißt im Niederländischen **spijkerbroek** [sspäjkərbruk], weil die Taschen mit **spijkers** [sspäjkərss] *Nägel* beschlagen sind.

Die Farben haben Sie schon im Kapitel 5 gelernt. Hier haben Sie ein paar Kleidungsstücke zur Auswahl:

rok [rok] *Rock*
jurk [jürək] *Kleid*
T-shirt [tiischərt] *T-Shirt*
trui [tröj] *Pullover*
blouse [blus] *Bluse*
vest [fest] *Weste*
schoenen [ss-chunə] *Schuhe*
sokken [ssokə] *Socken*

Für die warme Jahreszeit brauchen Sie folgende Kleidungsstücke:

zwembroek [swembruk] *Schwimmhose*
badpak [batpak] *Badeanzug*
bikini [biikiinii] *Bikini*
teenslippers [teensslipərss] *Flipflops*
zonnehoed [sonəhut] *Sonnenhut*
pet [pet] *Kappe*

Und für die kalte Jahreszeit können Sie diese Kleidungsstücke gebrauchen:

jas [jass] *Jacke*
sjaal [schaal] *Schal*
handschoenen [hantss-chunə] *Handschuhe*
muts [mütss] *Mütze*
laarzen [laarsə] *Stiefel*

Eine *Jeansjacke* heißt dann auch **spijkerjas** [sspäjkərjass]

Kleidung kann **kort** [kort] *kurz* oder **lang** [lang] *lang* sein. So ist *eine kurze Hose* **een korte broek** [ən kortə bruk]. Die *Ärmel* heißen **mouwen** [mauə] im Niederländischen. Wenn Sie ein **Kurzarmshirt** tragen, kann man das im Niederländischen nicht in einem Wort sagen, es heißt dann **shirt met korte mouwen** [schərt met kortə mauə] also wörtlich ein *Shirt mit kurzen Ärmeln. Tragen* heißt übrigens **dragen** [draachə]. Demzufolge heißt *ich trage ein Kurzarmshirt* **ik draag een shirt met korte mouwen** [ik draach ən sschərt met kortə mauə].

Jetzt sind Sie dran.

Was tragen Sie in den folgenden Situationen? Fangen Sie die Sätze an mit: **Ik draag...** und wählen Sie aus den folgenden Kleidungsstücken aus. Sie dürfen auch mehrere Kleidungsstücke pro Antwort auswählen:
sokken, schoenen, teenslippers, handschoenen, een zonnehoed, een muts, een bikini, een broek, een trui

1. Je bent een vrouw op het strand. Wat draag je?

2. Je loopt naar de markt. Wat draag je aan je voeten?

3. Je bent in een museum. Het is winter. Wat draag je?

4. Het is winter, je fietst naar de supermarkt. Wat draag je aan je handen en op je hoofd?

Lösung
1. Ik draag een bikini, teenslippers en een zonnehoed.
2. Ik draag sokken en schoenen.
3. Ik draag een broek en een trui.
4. Ik draag handschoenen en een muts.

Sie werden zu den Hosen geführt:

Hier zijn | de damesbroeken. | Welke maat | heeft u?

[hiir säjn də daaməssbrukə. welkə maat heeft üü]
Hier sind die Damenhosen. Welche Größe haben Sie?

Die **maten** [maatə] *Größen* in Flandern und den Niederlanden entsprechen den Größen in den deutschsprachigen Ländern. Auch hier kann man das Wort mit dem Produkt verbinden: **schoenmaat** [ss-chunmaat] heißt dementsprechend *Schuhgröße*. Die Zahlen haben Sie schon im Kapitel 4 gelernt und nachdem Sie einige Hosen ausgesucht haben, möchten Sie diese natürlich **passen** [passə] *anprobieren*.

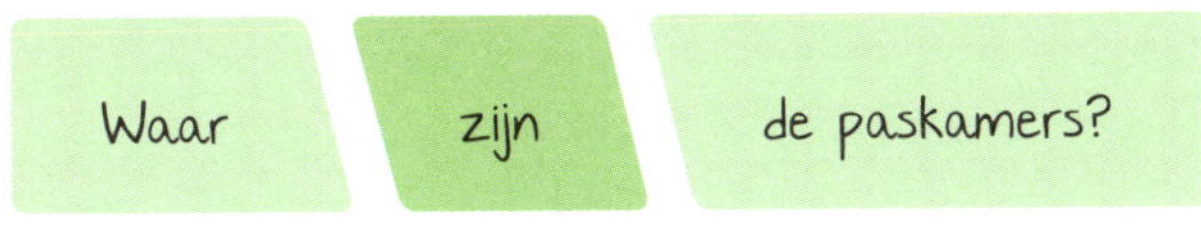

[waar säjn də passkaamərss]
Wo sind die Umkleidekabinen?

Ein **kamer** [kaamər] heißt wörtlich ein *Zimmer*, auch wenn es in diesem Fall ein eher kleinerer Raum ist.

[hu sit də bruk]
Wie sitzt die Hose?

Man hätte hier auch fragen können: **Past de broek?** [passt də bruk] *Passt die Hose?* In diesem Fall fragt man eher nach der Größe. Wenn man fragt, wie die Hose sitzt, fragt man eher nach der Passform.

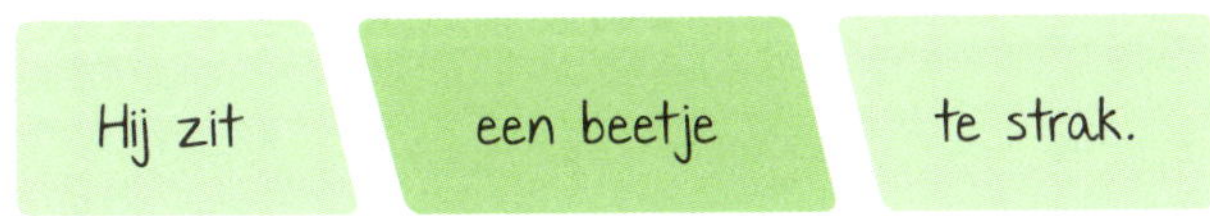

[häj sit ən beetjə tə sstrak]
Sie sitzt ein bisschen zu eng

Die Hose wird hier mit einem männlichen **hij** [häj] *er* benannt. Das Wort **broek** [bruk] *Hose* ist jedoch sowohl männlich als auch weiblich. Weil die meisten Niederländischsprachigen da selber unsicher sind, benutzen sie immer häufiger die männlichen Pronomen. Übrigens können Sie statt des Verbs **zitten** [sitə] *sitzen* auch das Verb **zijn** [säjn] *sein* verwenden.

Kleidung kann aber auch zu weit, zu lang oder zu kurz sein. Hier sind einige Möglichkeiten aufgelistet:

te wijd [tə wäjt] *zu weit*
te strak [tə sstrak] *zu eng*
te kort [tə kort] *zu kurz*
te lang [tə lang] *zu lang*
te groot [tə chroot] *zu groß*
te klein [tə kläjn] *zu klein*

Jetzt sind Sie dran.

Was gefällt Ihnen an der Kleidung nicht? Äußern Sie Kritik:

1. Der Pullover ist zu weit.

2. Der Rock ist zu lang.

3. Die Schuhe sind zu groß.

4. Die Bluse ist zu eng.

Lösung
1. De trui is te wijd. **2.** De rok is te lang.
3. De schoenen zijn te groot. **4.** De blouse is te strak.

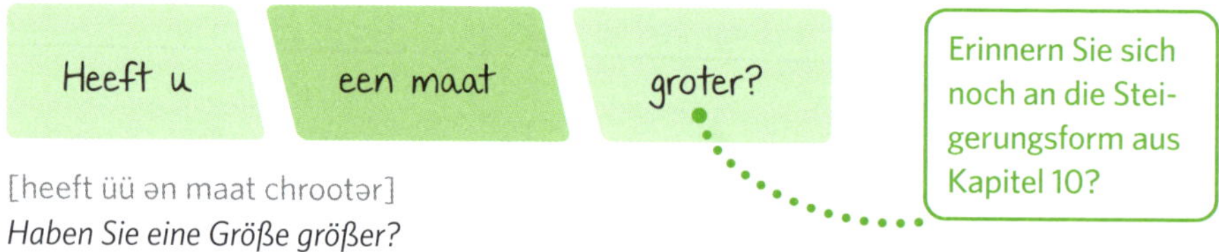

[heeft üü ən maat chrootər]
Haben Sie eine Größe größer?

Sie haben nun zwei Hosen zur Auswahl und vergleichen diese miteinander:

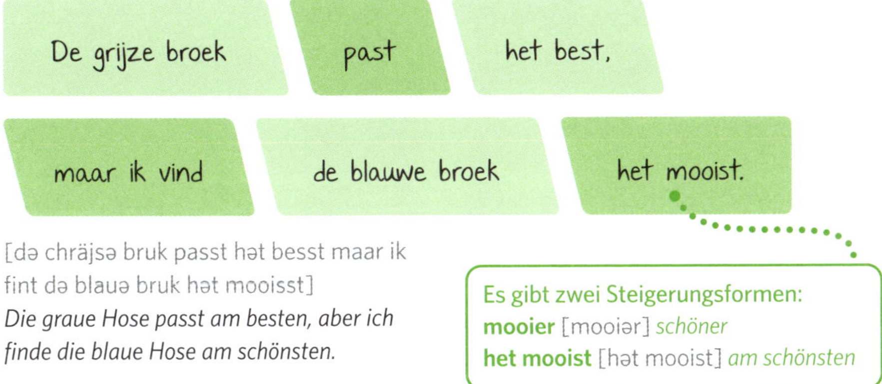

[də chräjsə bruk passt hət besst maar ik fint də blauə bruk hət mooisst]
Die graue Hose passt am besten, aber ich finde die blaue Hose am schönsten.

Es gibt zwei Steigerungsformen:
mooier [mooiər] *schöner*
het mooist [hət mooist] *am schönsten*

Im Kapitel 10 haben Sie schon eine Steigerungsform, den sogenannten Komparativ gelernt. Es gibt aber noch eine zweite Steigerungsform, die man Superlativ nennt. Diese Form wird wie im Deutschen mit dem Adjektiv **+st** gebildet. Wenn ein Adjektiv schon auf **-st** endet, wie beispielsweise **vast** [fasst] *fest*, wird lieber **meest** [meesst] *meist* vor das Adjektiv gestellt: **het meest vast** [hət meesst fasst] *am meisten fest*.
Sie können die Steigerungsform selbstständig verwenden, wie im obigen Satz und stellen dann **het** [hət] *am* vor der Steigerungsform. Sie können die Steigerungsform auch als Adjektiv verwenden, beispielsweise **de mooiste broek** [də mooisstə bruk] *die schönste Hose* oder **het leukste T-shirt** [hət löksstə tiischərt] *das tollste T-Shirt*. Dann verwenden Sie den Artikel, der zum Nomen gehört.

Auch für diese Steigerungsform gibt es einige Ausnahmen:

goed [chut]	*gut*	**het best** [hət besst]	*am besten*
veel [feel]	*viel*	**het meest** [hət meesst]	*am meisten*
weinig [wäjnəch]	*wenig*	**het minst** [hət minsst]	*am wenigsten*
graag [chraach]	*gern*	**het liefst** [hət liifsst]	*am liebsten*

Jetzt sind Sie dran.

Fügen Sie die richtige Steigerungsform in die folgenden Sätze ein:

1. Ik draag (graag) ______ een spijkerbroek.

2. Is dat de (groot) ______ maat die u heeft?

3. Hij vindt de rode trui (mooi) ______.

4. De schoenen in maat 43 passen (goed) ______.

Lösung
1. het liefst
2. grootste
3. het mooist
4. het best

Der nette Verkäufer gibt Ihnen noch einen Rat. Sie kennen diese Bausteine noch aus dem vorigen Kapitel:

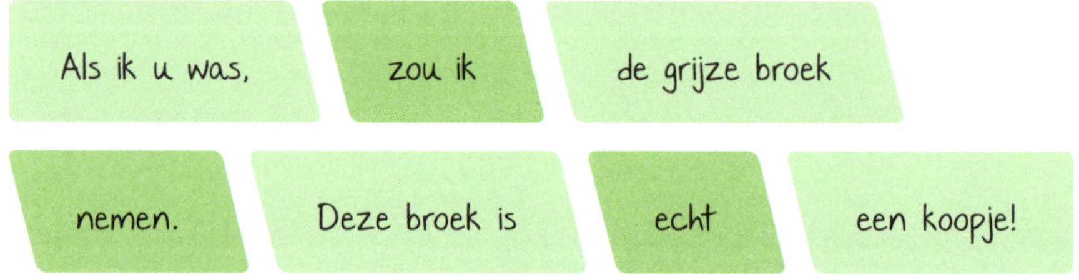

[alss ik üü wass sau ik də chräjsə bruk neemə. deesə bruk iss echt ən koopjə]
Wenn ich Sie wäre, würde ich die graue Hose nehmen. Diese Hose ist echt ein Schnäppchen.

Wie Sie sehen, ist **koopje** [koopjə] eine Verkleinerungsform. Das heißt nicht, dass es ein kleiner Kauf ist, sondern ein guter Kauf für einen kleinen Preis, eben ein *Schnäppchen*.

Jetzt sind Sie dran.

Auf der folgenden Seite sehen Sie wieder die neuen Wörter, die Sie in der Lektion gelernt haben. Gehen Sie doch mal durch Ihren Kleiderschrank und benennen Sie die Kleidungsstücke mit ihrer Farbe, so merken Sie sich beide Begriffe schneller, z.B. **een wit shirt, een zwarte broek, een gele jurk**.

TR. 62

het koopje [hət koopjə]	*das Schnäppchen*
de winkel [də winkəl]	*das Geschäft*
de groentewinkel [də chruntəwinkəl]	*das Gemüsegeschäft*
de kledingwinkel [də kleedingwinkəl]	*das Kleidungsgeschäft*
winkelen [winkələ]	*bummeln*
de dameskleding [də daaməsskleeding]	*die Damenkleidung*
de herenkleding [də heerəkleeding]	*die Herrenkleidung*
de kinderkleding [də kindərkleeding]	*die Kinderkleidung*
de sportkleding [də ssportkleeding]	*die Sportkleidung*
de verdieping [də fərdiiping]	*das Stockwerk*
de etage [də eetaaschə]	*die Etage*
de lift [də lift]	*der Aufzug*
BG: de begane grond [də bəchaanə chront]	*das Erdgeschoss*
de roltrap [də roltrap]	*die Rolltreppe*
helpen [helpə]	*helfen*
alleen [aleen]	*nur*

TR. 63

de spijkerbroek [də sspäjkərbruk]	*die Jeanshose*
de rok [də rok]	*der Rock*
de jurk [də jürək]	*das Kleid*
het T-shirt [hət tiischərt]	*das T-Shirt*
de blouse [də bluss]	*die Bluse*
het vest [hət fesst]	*die Weste*
de schoenen [də ss-chunə]	*die Schuhe*
de sokken [də ssokə]	*die Socken*
de zwembroek [də swembruk]	*die Schwimmhose*
het badpak [hət batpak]	*der Badeanzug*
de bikini [də biikiinii]	*der Bikini*
de teenslippers [də teensslipərss]	*die Flipflops*
de zonnehoed [də sonəhut]	*der Sonnenhut*
de pet [də pet]	*die Kappe*

de jas [də jass]	*die Jacke*
de spijkerjas [də sspäjkərjass]	*die Jeansjacke*
de sjaal [də schaal]	*der Schal*
de handschoenen [də hantss-chunə]	*die Handschuhe*
de muts [də mütss]	*die Mütze*
de laarzen [də laarsə]	*die Stiefel*

TR. 64

kort [kort]	*kurz*
lang [lang]	*lang*
de korte broek [də kortə bruk]	*die kurze Hose*
de mouwen [də mauə]	*die Ärmel*
het shirt met korte mouwen [hət schərt met kortə mauə]	*das Kurzarmshirt*
dragen [draachə]	*tragen*
de paskamer [də passkaamər]	*die Umkleidekabine*
de kamer [də kaamər]	*das Zimmer*
de damesbroek [də daaməssbruk]	*die Damenhose*
de maat [də maat]	*die Größe*
welke [welkə]	*welche,-r, -s, -n*
de schoenmaat [də ss-chunmaat]	*die Schuhgröße*
passen [passə]	*anprobieren, passen*
dragen [draachə]	*tragen*
zitten [sitə]	*sitzen*

TR. 65

te strak [tə sstrak]	*zu eng*
te [tə]	*zu*
strak [sstrak]	*eng*
wijd [wäjt]	*weit*
lang [lang]	*lang*
klein [kläjn]	*klein*
groot [chroot]	*groß*
het best [hət besst]	*am besten*
het mooist [hət mooisst]	*am schönsten*

het meest vast [hət meesst fasst] *am festesten*
het meest [het meesst] *am meisten*
het minst [hət minsst] *am wenigsten*
het liefst [hət liifsst] *am liebsten*
echt [echt] *echt*

Sie können nun beim Bummeln nach Bekleidungsartikeln fragen und dabei sagen, wie Ihnen die Kleidung passt:

TR. 66

- ● Heeft u ook dameskleding?
- ○ U vindt de dameskleding op de tweede verdieping.

(...)

- ● Kan ik u helpen?
- ○ Ik zoek een blauwe broek.
- ● Hier zijn de damesbroeken. Welke maat heeft u?

(...)

- ○ Waar zijn de paskamers?
- ● Hoe zit de broek?
- ○ Hij zit een beetje te strak. Heeft u een maat groter?

(...)

- ● De grijze broek past het best, maar ik vind de blauwe broek het mooist.
- ○ Als ik u was, zou ik de grijze broek nemen. Deze broek is echt een koopje!

Die folgenden Bausteine helfen bei der Suche und Anprobe von Kleidung.

	dameskleding?
Heeft u	kinderkleding?
	sportkleding?

De broek		te wijd.
De jurk	is	te lang.
De rok		te strak.

De blouse		het mooist.
De muts	is	het warmst.
De hoed		het leukst.

13 VAKANTIEHUISJE
FERIENWOHNUNG

Niederländer campen gerne und es gibt viele Campingplätze in den Niederlanden und Flandern. Vielleicht möchten Sie aber lieber in einer Ferienwohnung oder einem Hotel übernachten. Vor allem wenn Sie eine große Stadt besuchen möchten, ist ein Hotel sinnvoll, da Sie dort schon mitten im Geschehen sind. Es gibt auch viele Ferienresorts, die im Niederländischen „vakantiepark" heißen, wo es wunderschöne Ferienhäuser gibt und meist auch einen Supermarkt, ein Restaurant und Freizeitbeschäftigungen. Am besten lassen Sie sich telefonisch beraten!

kamer
Zimmer

bed
Bett

koelkast
Kühlschrank

Wat is dat?
Was ist das?

huren
mieten

Vor allem wenn Sie spezielle Wünsche oder bestimmte Fragen haben, ist es schneller, wenn Sie einfach den Kundenservice eines *Ferienparks* **vakantiepark** [fakanssiiparək] anrufen. Sie wissen schon, was Sie am Anfang des Gesprächs erwarten können und wie Sie darauf reagieren sollen. Das haben Sie bereits im Kapitel 6 gelernt. Sie können nun Ihre Fragen stellen, wie beispielsweise:

Hoeveel kamers heeft het vakantiehuisje?

[hufeel kaamərss heeft hət fakansiihöjschə]
Wie viele Zimmer hat das Ferienhäuschen?

Im vorigen Kapitel haben Sie das Wort **paskamer** [passkaamər] *Umkleidekabine* gelernt und Ihnen wurde erklärt, dass **kamer** [kaamər] *Zimmer* heißt. Es gibt in einem Haus viele verschiedene Zimmer:

[er säjn twee slaapkaamərss, ən woonkaamər, ən batkaamər, ən kökə en ən aapart twalet]
Es gibt zwei Schlafzimmer, ein Wohnzimmer, ein Badezimmer, eine Küche und eine separate Toilette.

Das kleine Wort **er** [er] kann mehr als nur eine Übersetzung haben. In diesem Satz und in Kombination mit dem Verb **zijn** [säjn] *sein* heißt es *es*. Es werden hier mehrere Zimmer aufgezählt, also wird **zijn** [säjn] *sein* in der Mehrzahlform verwendet. Wenn nur ein Zimmer genannt worden wäre, dann hätten Sie **is** [iss] *ist*, also die Einzahl verwenden müssen. Beispiel: **Er is een kamer.** [er iss een kaamər] *Es gibt ein Zimmer. Es gibt* heißt im Niederländischen also entweder **er zijn** [er säjn] oder **er is** [er iss].

Man kann für **badkamer** [batkaamər] übrigens nicht wie im Deutschen die Abkürzung *Bad* verwenden. Dieses Wort gibt es zwar im Niederländischen: **bad** [bat], heißt dann aber *Badewanne*.

Achtung falscher Freund!
Bad = **badkamer** [batkaamər]
bad [bat] = *Badewanne*

Es gibt außer den hier genannten Zimmern noch weitere Zimmer:

eetkamer [eetkaamər]	*Esszimmer*
logeerkamer [looscheerkaamər]	*Gästezimmer*
gang [chang]	*Flur*
zolder [soldər]	*Dachboden*
kelder [keldər]	*Keller*

Jetzt sind Sie dran.

Verwenden Sie die richtige Variante von *es gibt* im Niederländischen: **er is/er zijn** und sagen oder schreiben Sie, welche(s) Zimmer es gibt.

1. ein Esszimmer

2. ein Wohnzimmer und eine Küche

3. ein Keller

4. drei Schlafzimmer

Lösung
1. Er is een eetkamer.
2. Er zijn een woonkamer en een keuken.
3. Er is een kelder.
4. Er zijn drie slaapkamers.

Die Auskunft sagt Ihnen auch, welche Betten in den Schlafzimmern stehen.

Er is | een slaapkamer met | een tweepersoonsbed | en één met | twee eenpersoonsbedden.

[er iss ən sslaapkaamər met ən tweepərssoonssbet en een met twee eenpərssoonssbetə]
Es gibt ein Schlafzimmer mit einem Doppelbett und eins mit zwei Einzelbetten.

Sie sehen, dass einmal das Wort **een** [ən] *ein* ohne und einmal mit Akzenten geschrieben worden ist. Die Akzente helfen hier bei der Aussprache. Wenn die Akzente auf **één** [een] stehen, wird das Wort betont, also mit langem **ee** ausgesprochen. In diesem Fall ist es die Zahl 1 und im unbetonten Fall ist es der Artikel *ein*.
Die Namen der Betten geben an, wie viele Personen darin schlafen können. Ein Standardbett ist zwei Meter lang, aber da die Niederländer zu den größten Menschen Europas gehören, gibt es immer öfter Betten, die 2 Meter 10 lang sind. Für Kinder gibt es oft ein **stapelbed** [sstaapəlbet] *Stockbett*. Es sind sozusagen zwei Betten aufeinandergestapelt, nicht zu verwechseln mit einem *Hochbett*, das im Niederländischen **hoogslaper** [hoochsslaapər] heißt. Sie schlafen in diesem Bett „hoch". Unter dem Bett können andere Dinge, wie beispielsweise eine Couch oder ein Schreibtisch stehen. Da die Zimmer in den niederländischen Häusern oft recht klein sind, sind diese platzsparenden Hochbetten sehr beliebt. Das Bett mit dem schönsten Namen ist der **twijfelaar** [twäjfəlaar]. Auf Deutsch heißt es wörtlich ein *Zweifler*. Man zweifelt nämlich; ist es für eine Person oder vielleicht doch für zwei? Es ist ein Bett mit einer Breite von 1,20 m.

Sie möchten auch wissen, welche Geräte in der Küche vorhanden sind. Dann kann man fragen:

Welke | apparaten | zijn er | in de keuken?

[welkə apaaraatə säjn er in də kökə]
Welche Geräte gibt es in der Küche?

Das Fragewort **welk** [welk] *welch* muss als einziges Fragewort dem **de-** oder dem **het-**Wort angepasst werden. Sie sagen zum Beispiel **welk bed** [welk bet] *welches Bett* denn **bed** [bet] *Bett* ist ein **het**-Wort, aber **welke keuken** [welkə kökə] *welche Küche*, denn **keuken** [kökə] *Küche* ist ein **de**-Wort. Es verhält sich demnach wie das Adjektiv, das Sie schon im Kapitel 5 gelernt haben. **Apparaten** [apaaraatə] *Geräte* ist ein **de**-Wort, wie alle Wörter in Mehrzahl und deshalb bekommt **welk** [welk] *welch* hier ein **e**: **welke**.

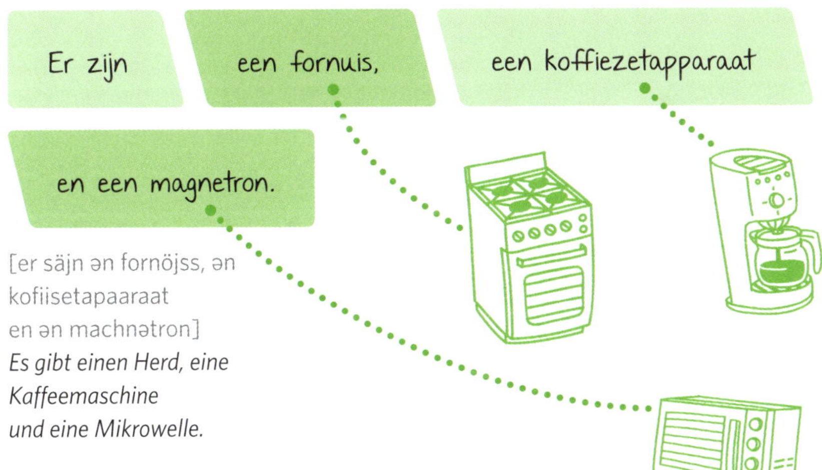

[er säjn ən fornöjss, ən kofiisetapaaraat en ən machnətron]
Es gibt einen Herd, eine Kaffeemaschine und eine Mikrowelle.

Eine *Kaffeemaschine* heißt im Niederländischen ein **koffiezetapparaat** [kofiisetapaaraat]. Es ist also ein Gerät, mit dem man Kaffee setzt, wörtlich übersetzt ist es ein *Kaffeesetzgerät*. Im Deutschen heißt es *Kaffee kochen*, im Niederländischen sagt man **koffie zetten** [kofii setə]. Man könnte dennoch **koffie koken** [kofii kokə] sagen, aber dann meint man damit, dass bereits gekochter Kaffee noch einmal aufgebrüht wird. Das möchten Sie sicher nicht! Das Gleiche gilt für Tee. Man sagt auch: **thee zetten** [tee setə] *Tee kochen*.

Es gibt natürlich noch mehr Geräte in der Küche:

koelkast [kulkasst]	*Kühlschrank*
waterkoker [waatərkookər]	*Wasserkocher*
vaatwasmachine [faatwassmaschiinə]	*Spülmaschine*
oven [oofə]	*Ofen*

Sie sehen auch an diesen Beispielen, dass Sie viele niederländische Wörter aus dem Deutschen ableiten können. Dies gelingt jedoch nicht mit dem Wort **magnetron** [machnətron] *Mikrowelle*, auch wenn Sie vielleicht wissen, dass dieser Ofen mit einem Magnet funktioniert. In Flandern wird das Wort **microgolfoven** [miikroocholfoofə] *Mikrowelle* verwendet, was natürlich viel leichter abzuleiten ist. Wenn Sie etwas nicht kennen, fragen Sie doch einfach nach!

Wat is | een magnetron?

[wat iss ən machnətron]
Was ist eine Mikrowelle?

Dat is | een apparaat | dat eten snel verwarmt.

[dat iss ən apaaraat dat eetə ssnel fərwarmt]
Das ist ein Gerät, das Essen schnell erhitzt.

Erinnern Sie sich noch die Demonstrativpronomen aus Kapitel 10?
het-Wort → **dat**
de-Wort → **die**

Wenn Sie etwas erklären sollen, können Sie dies anhand folgender Bausteine machen. Sie fangen an mit **dat is** [dat iss] *das ist*. Darauf folgt ein Oberbegriff, in diesem Fall **een apparaat** [ən apaaraat] *ein Gerät*. Wenn Sie das Wort Bäcker erklären sollen, dann können Sie hier als Oberbegriff **een man** [ən man] *ein Mann* verwenden. Schließlich folgt der erklärende Satz, der mit dem Pronomen **dat** [dat] anfängt, wenn der Oberbegriff ein **het**-Wort ist: **het apparaat dat** [hət apaaraat dat] *das Gerät, das* und **die** [dii], wenn der Oberbegriff ein **de**-Wort ist: **een man die** [ən man dii] **ein Mann, der**. Um beim Beispiel des Bäckers zu bleiben, würde die Erklärung wie folgt lauten: **Een bakker is een man die brood bakt.** [ən bakər iss ən man dii broot bakt] *Ein Bäcker ist ein Mann, der Brot backt.* Das fühlt sich anfangs etwas unnatürlich an, weil Sie sicher denken: ein Mann ist doch nicht weiblich! Vergessen Sie nicht, dass die Pronomen **dat** [dat] und **die** [dii] jeweils im Deutschen *der*, *die* und *das* heißen können.

Jetzt sind Sie dran.

Erklären Sie folgende Begriffe. Verwenden Sie das richtige Pronomen (**die** oder **dat**) und wählen Sie aus den vorgegebenen Erklärungen:

water kookt | **aan je voeten zit** | **eten koud houdt** | **naast je woont**

1. Een koelkast is een apparaat ...

2. Een waterkoker is een apparaat ...

3. Een buurman is een man ...

4. Een sok is kleding ...

Lösung
1. ... dat eten koud houdt.
2. ... dat water kookt.
3. ... die naast je woont.
4. ... die aan je voeten zit.

Vielleicht möchten Sie wissen, welche Möbel sich noch im Ferienhaus befinden. Hier sind einige gängige Möbel:

bank [bank] *Couch*
stoel [sstul] *Stuhl*
tafel [taafəl] *Tisch*
lamp [lamp] *Lampe*
kast [kasst] *Schrank*

Das Wort Schrank können Sie mit anderen Wörtern verbinden:
keukenkast [kökəkasst] *Küchenschrank*
boekenkast [bukəkasst] *Bücherschrank*
klerenkast [kleerəkasst] *Kleiderschrank*

Und ein Badezimmer hat folgende Einrichtung:

douche [dusch] *Dusche*
bad [bat] *Badewanne*
wastafel [wasstaafəl] *Waschbecken*
spiegel [sspiichəl] *Spiegel*

Jetzt sind Sie dran.

Laufen Sie mal durch Ihre Wohnung. Benennen Sie jeden Raum, den Sie betreten und alle Möbel, denen Sie begegnen, so als würden Sie Gästen Ihre Wohnung zeigen. Benennen Sie auch die Geräte in der Küche und versuchen Sie, sie zu erklären. Wenn Sie noch andere Geräte oder Möbel im Haus haben, können Sie das niederländische Wort in einem Wörterbuch nachschlagen. So erweitern Sie spielenderweise Ihren Wortschatz.

Schließlich möchten Sie noch wissen, wo sich das Häuschen im Ferienpark befindet.

Waar ligt het huisje?

[waar licht hət höjschə]
Wo liegt das Häuschen?

[hət höjschə licht aan də rant fan hət parək en heeft ən mooi öjtsicht op də döjnə]
Das Häuschen liegt am Rande des Parks und hat eine schöne Sicht auf die Dünen.

Weil es im Niederländischen keinen Genitiv gibt, verwendet man immer das Wort **van** [fan] *von* plus Nomen.
Sie werden nicht so oft Häuschen mit Aussicht auf das Meer finden, da dies zu gefährlich ist. Der Unterschied zwischen Ebbe und Flut ist an der flämischen und niederländischen Küste recht groß und das Wasser kann bei Sturm unberechenbar sein. Die **duinen** [döjnə] *Dünen* schützen das Hinterland und es ist deshalb auch sicherer ein Häuschen hinter den Dünen zu mieten.

Super, | dan neem ik | dit huisje!

[ssüüpər dan neem ik dit höjschə]
Super, dann nehme ich dieses Häuschen!

Jetzt sind Sie dran.

Hier sehen Sie wieder die neuen Wörter aus der Lektion. Je öfter Sie die Wörter selbst nutzen, lesen oder hören, desto besser prägen Sie sie sich ein. Besuchen Sie beispielsweise mal die Website eines niederländischen Ferienresorts und stellen Sie die Sprache auf Niederländisch. Sie können nun durch die verschiedenen Häuschen stöbern und sehen, welche Zimmer, Möbel und Geräte es da gibt.

TR. 67

het vakantiepark [hət fakanssiiparək] — *das Ferienresort*
er is/er zijn [er iss/er säjn] — *es gibt*
de slaapkamer [də sslaapkaamər] — *das Schlafzimmer*
de woonkamer [də woonkaamər] — *das Wohnzimmer*
de badkamer [də batkaamər] — *das Badezimmer*
de keuken [də kökə] — *die Küche*
het toilet [hət twalet] — *die Toilette*
apart [aapart] — *separat*
de eetkamer [də eetkaamər] — *das Esszimmer*
de logeerkamer [də looscheerkaamər] — *das Gästezimmer*
de gang [də chang] — *der Flur*
de zolder [də soldər] — *der Dachboden*
de kelder [də keldər] — *der Keller*

TR. 68

het tweepersoonsbed [hət tweeperssoonssbet] — *das Doppelbett*
het eenpersoonsbed [hət eenperssoonssbet] — *das Einzelbett*
het stapelbed [hət sstaapəlbet] — *das Stockbett*

de hoogslaper [də hoochsslaapər] *das Hochbett*
de twijfelaar [də twäjfəlaar] *ein Bett mit 1,20 m Breite*
het apparaat [hət apaaraat] *das Gerät*
het fornuis [hət fornöjss] *der Herd*
het koffiezetapparaat [hət kofiiset-apaaraat] *die Kaffeemaschine*
de magnetron [də machnətron] *die Mikrowelle (NL)*
koffie zetten [kofii setə] *Kaffee kochen*
thee zetten [tee setə] *Tee kochen*
koken [kookə] *kochen*
de waterkoker [də waatərkookər] *der Wasserkocher*
de vaatwasmachine [də faatwass-maschiinə] *die Spülmaschine*
de oven [də oofə] *der Ofen*
de microgolfoven [də miikroocholfoofə] *die Mikrowelle (B)*
dat is [dat iss] *das ist*
snel [ssnel] *schnell*
verwarmen [fərwarmə] *erhitzen*
koud [kaut] *kalt*

TR. 69

de bank [də bank] *die Couch*
de stoel [də sstul] *der Stuhl*
de tafel [də taafəl] *der Tisch*
de lamp [də lamp] *die Lampe*
de kast [də kasst] *der Schrank*
de keukenkast [də kökəkasst] *der Küchenschrank*
de boekenkast [də bukəkasst] *der Bücherschrank*
de klerenkast [də kleerəkasst] *der Kleiderschrank*
de douche [də dusch] *die Dusche*
het bad [hət bat] *die Badewanne*
de wastafel [də wasstaafəl] *das Waschbecken*
de spiegel [də sspiichəl] *der Spiegel*

TR. 70

aan de rand van [aan də rant fan] *am Rande des/der*
het park [hət parək] *der Park*
mooi [mooi] *schön*
het uitzicht [hət öjtsicht] *die Aussicht*
de duin [də döjn] *die Düne*

Sie können sich nun nach einer Ferienwohnung erkundigen und auch selbst Informationen erteilen, indem Sie Sachen beschreiben:

TR. 71

- Hoeveel kamers heeft het vakantiehuisje?
- ○ Er zijn twee slaapkamers, een woonkamer, een badkamer, een keuken en een apart toilet. Er is een slaapkamer met een tweepersoonsbed en één met twee eenpersoonsbedden.
- Welke apparaten zijn er in de keuken?
- ○ Er zijn een fornuis, een koffiezetapparaat en een magnetron.
- Wat is een magnetron?
- ○ Dat is een apparaat dat eten snel verwarmt.
- Waar ligt het huisje?
- ○ Het huisje ligt aan de rand van het park en heeft een mooi uitzicht op de duinen.
- Super, dan neem ik dit huisje!

Die folgenden Bausteine helfen beim Beschreiben einer Wohnung oder eines Zimmers und beim Erklären eines Wortes.

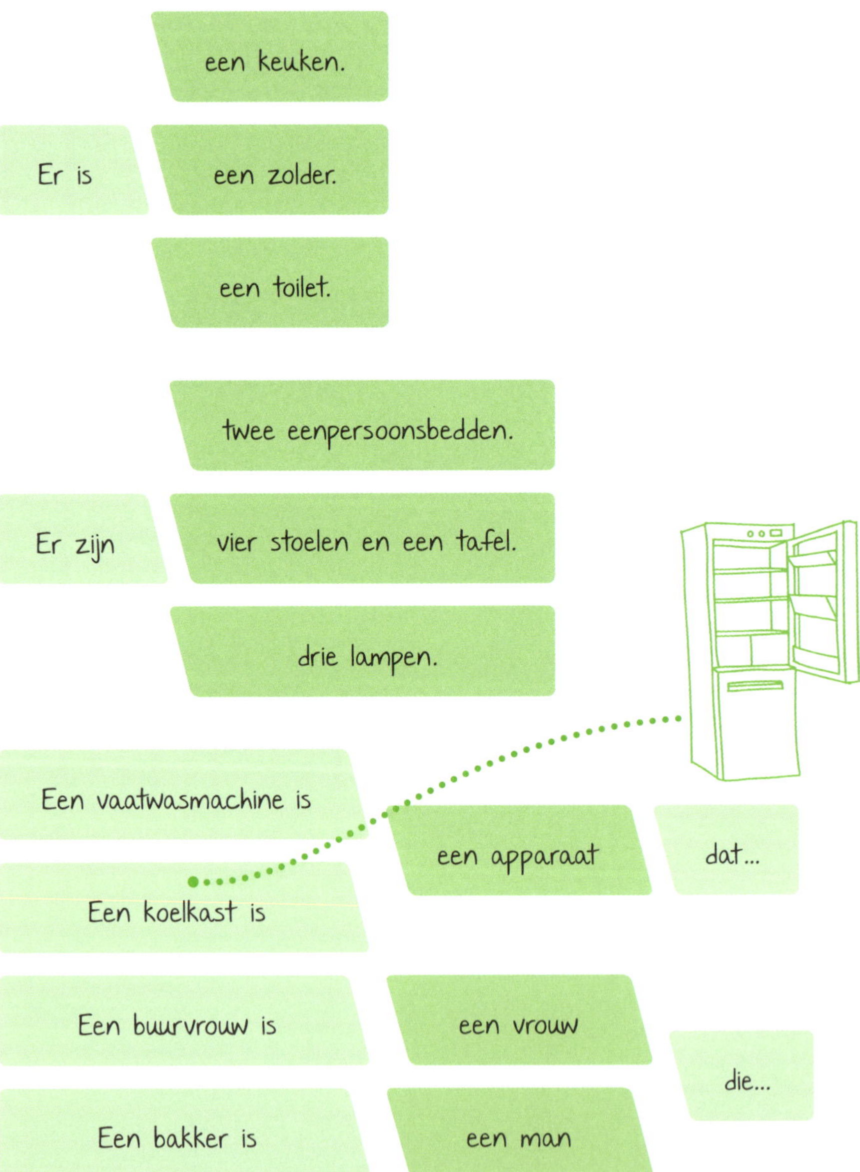

14 RONDVAART
RUNDFAHRT

Amsterdam ist bekannt für seine Kanäle. Die beste Art und Weise, Amsterdam zu entdecken, ist vom Wasser aus. Es gibt zahlreiche Möglichkeiten, sich auf dem Wasser fortzubewegen: vom Ruderboot bis zum Wassertaxi, aber am bekanntesten sind die flachen Rundfahrtboote. Sie sind so flach, damit sie unter die Brücken fahren können. Wussten Sie, dass Amsterdam mehr Brücken als Venedig zählt? Aber außer Wasser und Brücken hat die Stadt noch viel mehr zu bieten. Sie ist auf jeden Fall einen Besuch wert. Wie Sie nach Ihrem Besuch über Ihre Erlebnisse erzählen können, lernen Sie in diesem Kapitel.

boot
Boot

bezienswaardigheid
Sehenswürdigkeit

gisteren
gestern

daarna
danach

eerst
zuerst

Sie haben für einen Tag mit Ihrer Familie Amsterdam besucht. Als Sie am nächsten Tag Ihrem Nachbarn im Ferienresort begegnen, fragt er:

Wat | hebben jullie | gisteren | gedaan?

[wat hebə jülii chistərə chədaan]
Was habt ihr gestern getan?

Für das Perfekt brauchen Sie das Hilfsverb **hebben** [hebə] *haben* oder **zijn** [säjn] *sein.*

In Kapitel 11 haben Sie schon das Perfekt kennengelernt. Diese Vergangenheitsform wird im Niederländischen am häufigsten verwendet. Wie im Deutschen können Sie mit dieser Vergangenheitsform über Ereignisse oder Handlungen erzählen, die schon geschehen sind.
Das Perfekt besteht, wie im Deutschen, aus einem Hilfsverb und dem Partizip eines Verbs. Es gibt zwei Hilfsverben: **hebben** [hebə] *haben* und **zijn** [säjn] *sein.* Wenn Sie wissen möchten, wann Sie welches Hilfsverb verwenden, können Sie sich zuerst einmal sehr gut am Deutschen orientieren. Das Hilfsverb **hebben** [hebə] *haben* wird weitaus am meisten verwendet. Das Hilfsverb **zijn** [säjn] *sein* wird häufig verwendet, wenn ein Verb eine Bewegung ausdrückt. Zum Beispiel sagt man: **we hebben gedaan** [wə hebə chədaan] *wir haben getan* und **we zijn gevallen** [wə säjn chəfalə] *wir sind gefallen.*
Wenn Sie ein Perfekt mit einem Verb bilden möchten, das eine Art von Fortbewegung wiedergibt, können Sie beide Hilfsverben verwenden. Es hängt dann davon ab, ob Sie damit die Bewegung an sich oder die Bewegung zu einem bestimmten Ziel ausdrücken möchten:

Ik heb 20 km gefietst. — *Ich bin 20 km geradelt.*
[ik heb twintəch kiiloomeetər chəfiitsst]

Ik ben naar de markt gefietst. — *Ich bin zum Markt geradelt.*
[ik ben naar də markt chəfiitsst].

Nur bei wenigen Verben wird im Niederländischen ein anderes Hilfsverb verwendet als im Deutschen. Das bekannteste Beispiel ist wohl das Verb *vergessen* **vergeten** [fərcheetə], das im Deutschen das Hilfsverb *haben* bekommt: *ich habe es vergessen* und im Niederländischen das Hilfsverb *sein*: **ik ben het vergeten** [ik ben hət fərcheetə].

We zijn | in Amsterdam | geweest.

[wə säjn in Amsterdam chəweesst]
Wir sind in Amsterdam gewesen.

Für das Perfekt brauchen Sie außerdem das Partizip eines Verbs.

Die Partizipien kann man in zwei Gruppen aufteilen: die regelmäßigen und die unregelmäßigen Partizipien. Die regelmäßigen Partizipien bilden Sie aus dem Stamm des Verbs. Sie stellen **ge-** vor den Stamm und ein **-d** oder **-t** nach dem Stamm. Da man in der Aussprache keinen Unterschied hört, müssen Sie noch nicht wissen, wann welcher Buchstabe kommt.

Erinnern Sie sich noch? Der Stamm eines Verbs ist das Verb ohne **-en/-n**

Nehmen wir als Beispiel das Verb *machen* **maken** [maakə], das auch im Deutschen regelmäßig ist. Der Stamm von **maken** [maakə] ist **maak**. Sie stellen nun **ge-** vor und ein **-t** nach dem Verb und schon haben Sie das Partizip: **gemaakt** [chəmaakt] *gemacht*. Sehen Sie wieder die Übereinstimmung mit dem Deutschen?
Die unregelmäßigen Verben halten sich, wie das Wort schon sagt, an keine Regel. Es ist aber oft so, dass ein Verb, das im Deutschen unregelmäßig ist, dies im Niederländischen auch ist: **geweest** [chəweesst] *gewesen*.

Jetzt sind Sie dran.

Stellen Sie die folgenden Sätze in der Vergangenheitsform um. Das Partizip steht in Klammern.

1. Ik doe boodschappen. (gedaan)

2. Oma drinkt een kopje koffie. (gedronken)

3. We fietsen naar de camping. (gefietst)

Lösung
1. Ik heb boodschappen gedaan.
2. Oma heeft een kopje koffie gedronken.
3. We zijn naar de camping gefietst.

Eerst | zijn we | met een rondvaartboot door de grachten gevaren.

[eersst säjn wə met ən rontfaartboot door də chrachtə chəfaarə]
Zuerst sind wir mit einem Rundfahrtboot durch die Kanäle gefahren.

Im Niederländischen gibt es viele verschiedene Begriffe für Wasserwege oder Wasseransammlungen. Das ist auch nicht verwunderlich für ein Land, dessen Fläche zu fast 20% aus Wasser besteht. Die Amsterdamer **grachten** [chrachtə] *Kanäle* gehören zu den bekanntesten. Sie wurden ursprünglich gegraben, um die Einwohner der Stadt zu schützen. Als die Stadt immer größer wurde, wurden auch immer wieder neue Kanäle um die Stadt herum angelegt. Sie können auf diesen Kanälen *fahren* **varen** [faarə], aber Achtung! Im Niederländischen wird das Verb **varen** [faarə] nur für das Fortbewegen auf Wasser verwendet. Wenn Sie sich an Land fortbewegen, heißt das **rijden** [räjdə] *fahren*: **de auto rijdt op de weg** [də autoo räjt op də wech] *das Auto fährt auf der Straße*. Im Deutschen gibt es für diese beiden Verben nur eine Übersetzung.

Daarna | hebben we | het Anne Frank-huis bezocht.

[daarnaa hebə wə hət annə frank höjss besocht]
Danach haben wir das Anne-Frank-Haus besucht.

Wenn Sie von mehreren Ereignissen oder Handlungen nacheinander erzählen möchten, können Sie den Satz mit einem Aufzählungswort anfangen, wie in den obigen Sätzen **eerst** [eersst] *zuerst*, gefolgt von **daarna** [daarnaa] *danach*. Achten Sie auf die richtige Wortfolge im Satz, wenn Sie den Satz mit einem Aufzählungswort anfangen. Erst folgt das Verb und dann erst die Person, genauso wie im Deutschen. Hier sind noch einige Aufzählungswörter, die Sie verwenden können:

dan [dan] *dann*
vervolgens [fərfolchənss] *anschließend*
tenslotte [tensslotə] *schließlich*

Ihr Nachbar ist begeistert und erzählt auch von seinen Erlebnissen in Amsterdam.

[forəch jaar hebə wə in amsstərdam də nachtwacht bəkeekə]
Letztes Jahr haben wir in Amsterdam die Nachtwache angeschaut.

Die **Nachtwacht** [nachtwacht] *Nachtwache* ist eins der größten Werke des berühmten niederländischen Malers Rembrandt van Rijn, der im 17. Jahrhundert in Amsterdam lebte und arbeitete. Diese Zeit nennt man in den niederländischen Geschichtsbüchern das Goldene Zeitalter, weil Amsterdam in dieser Zeit die führende Handelsmetropole der Welt und ein pulsierendes Zentrum von Kunst und Wissenschaft war.

Wenn Sie in der Vergangenheit erzählen, brauchen Sie Zeitworte, wie hier **vorig jaar** [forəch jaar] *letztes Jahr* oder am Anfang dieses Kapitels **gisteren** [chistərə] *gestern*. Hier sind noch einige Zeitwörter für die Vergangenheit:

eergisteren [eerchistərə] *vorgestern*
afgelopen week [afchəloopə week] *vergangene Woche*
onlangs [onlangss] *kürzlich*

Sie wissen, wovon Ihr Nachbar erzählt, denn:

[wə hebə ook hət räjkssmüüseeüm bəsocht en daar aan ən rontläjding deelchənoomə]
Wir haben auch das Rijksmuseum besucht und dort an einer Führung teilgenommen.

Het **Rijksmuseum** [räjkssmüüseeüm] ist eines der bekanntesten Museen der Niederlande. Hier finden Sie nicht nur kunsthistorische Werke von Rembrandt van Rijn, sondern auch von vielen weiteren großen niederländischen, flämischen und ausländischen Meistern.

In diesem Satz sehen Sie zwei Partizipien, die nicht mit **ge-** anfangen. Bei einem untrennbaren Verb wird dem Partizip kein **ge-** vorangestellt, wie beim Verb **bezoeken** [bəsukə] *besuchen*. Das ist im Deutschen auch so. Das Partizip von *besuchen* ist nicht etwa *gebesucht*, sondern nur *besucht*, wie im Niederländischen **bezocht** [bəsocht].

Bei allen anderen sogenannten trennbaren Verben, wie bei **deelnemen** [deelneemə] *teilnehmen*, wird die Vorsilbe **ge-** zwischen die Vorsilbe und das restliche Partizip des Verbs gestellt. Das Partizip von **deelnemen** [deelneemə] *teilnehmen* ist demnach **deelgenomen** [deelchənoomə] *teilgenommen*. Dies kennen Sie bereits aus dem Deutschen.

Jetzt sind Sie dran.

Suchen Sie das richtige Partizip zum Verb:

1. afrekenen	___ **A** gevallen
2. hebben	___ **B** voorgesteld
3. verhuren	___ **C** gereserveerd
4. vallen	___ **D** afgerekend
5. zien	___ **E** gewinkeld
6. reserveren	___ **F** gehad
7. zijn	___ **G** gehoord
8. voorstellen	___ **H** verhuurd
9. horen	___ **I** geweest
10. winkelen	___ **J** gezien

Achtung! Auch Verben, die auf **-eren** enden, bekommen ein **ge-** vor dem Partizip: **gereserveerd** [chəreesserfeert] *reserviert*

Lösung

1. D	**2.** F	**3.** H	**4.** A	**5.** J
6. C	**7.** I	**8.** B	**9.** G	**10.** E

Schließlich möchte Ihr Nachbar noch wissen, ob Sie ein Restaurant besucht haben:

Hebben jullie | in Amsterdam in een restaurant gegeten?

[hebə jülii in amsstərdam in ən resstaurant chəcheetə]
Habt ihr in Amsterdam in einem Restaurant gegessen?

Nee, | we hebben | uit de muur | gegeten.

[nee wə hebə öjt də müür chəcheetə]
Nein, wir haben etwas aus einem Automaten gegessen.

Wörtlich steht hier, dass Sie aus der Wand gegessen haben. Das klingt zuerst einmal schwer verdaulich. In den Niederlanden gibt es vor allem in den Großstädten Imbissbuden, die warme Snacks über einen Automaten anbieten. Die Automaten werden an der Rückseite befüllt und an der Vorderseite werfen Sie als Kunde Geld hinein und öffnen ein Türchen, so dass Sie Ihren Lieblingssnack herausnehmen können. Da die Snacks immer frisch aufgefüllt werden und nicht zu lange im Automaten liegen bleiben, sind sie natürlich auch warm. Sie sollten das unbedingt mal ausprobieren, so dass Sie zu Hause erzählen können, dass Sie aus der Wand gegessen haben.

Jetzt sind Sie dran.

Hier sehen Sie wieder die neuen Wörter aus dieser Lektion. Viele Wörter können Sie aus dem Deutschen ableiten. Versuchen Sie das auch mal mit noch unbekannten Wörtern. Sie können das später mit einem Wörterbuch überprüfen. Sie werden so entdecken, welche Buchstaben man anpassen kann, um zum niederländischen Wort zu finden.

TR. 72

de rondvaart [də rontfaart] — *die Rundfahrt*
de boot [də boot] — *das Boot*
de bezienswaardigheid [də besiinsswaardəchhäjt] — *die Sehenswürdigkeit*
gisteren [chisstərə] — *gestern*

gedaan [chədaan] *getan*
gefietst [chəfiitsst] *geradelt*
ik ben het vergeten [ik ben hət fərcheetə] *ich habe es vergessen*
vergeten [fərcheetə] *vergessen*
geweest [chəweesst] *gewesen*
gemaakt [chəmaakt] *gemacht*
gedronken [chədronkə] *getrunken*
bezocht [bəsocht] *besucht*

TR. 73

eerst [eersst] *zuerst*
de rondvaartboot [də rontfaartboot] *das Rundfahrtboot*
de gracht [də chracht] *der Kanal*
gevaren [chəfaarə] *gefahren*
varen [faarə] *fahren (auf Wasser)*
rijden [räjdə] *fahren (auf Land)*
de auto [də autoo] *das Auto*
daarna [daarnaa] *danach*
het huis [hət höjss] *das Haus*
dan [dan] *dann*
vervolgens [fərfolchənss] *anschließend*
tenslotte [tensslotə] *schließlich*

TR. 74

de Nachtwacht [də nachtwacht] *die Nachtwache (Gemälde von Rembrandt van Rijn)*
vorig jaar [forəch jaar] *letztes Jahr*
bekeken [bəkeekə] *angeschaut*
eergisteren [eerchistərə] *vorgestern*
afgelopen week [afchəloopə week] *vergangene Woche*
onlangs [onlangss] *kürzlich*
het Rijksmuseum [hət räjkssmüüseeüm] *das Rijksmuseum (kunstgeschichtliches Museum in Amsterdam)*
de rondleiding [də rontläjding] *die Führung*

TR. 75

deelnemen [deelneemə] *teilnehmen*
deelgenomen [deelchənoomə] *teilgenommen*
bezoeken [bəsukə] *besuchen*
voorgesteld [foorchəsstelt] *vorgestellt*
afgerekend [afchəreekənt] *abgerechnet*
gewinkeld [chəwinkəlt] *gebummelt*
gehad [chəhat] *gehabt*
gehoord [chəhoort] *gehört*
verhuurd [fərhüürt] *vermietet*
geweest [chəweesst] *gewesen*
gezien [chəsiin] *gesehen*
gegeten [chəcheetə] *gegessen*
uit de muur eten [öjt də müür eetə] *Essen aus dem Automaten holen*

Sie können nun über Ereignisse oder Handlungen in der Vergangenheit berichten und hierbei einige Formen des Perfekts anwenden:

TR. 76

- ● Wat hebben jullie gisteren gedaan?
- ○ We zijn in Amsterdam geweest. Eerst zijn we met een rondvaartboot door de grachten gevaren. Daarna hebben we het Anne Frank-huis bezocht.
- ● Vorig jaar hebben we in Amsterdam de Nachtwacht bekeken.
- ○ Wij hebben ook het Rijksmuseum bezocht en daar aan een rondleiding deelgenomen.
- ● Hebben jullie in Amsterdam in een restaurant gegeten?
- ○ Nee, we hebben uit de muur gegeten.

Die folgenden Bausteine helfen Ihnen etwas über die Vergangenheit zu erzählen.

Eerst		boodschappen gedaan.
Daarna	heb ik	gefietst.
Vervolgens		koffie gedronken.
Tenslotte		

Gisteren		een museum bezocht.
Eergisteren	heb ik	aan een rondleiding deelgenomen.
Vorig jaar	ben ik	in Nederland geweest.
Afgelopen week		gevallen.

15 MIJN KIND IS WEG

MEIN KIND IST WEG

Ihr Urlaub in den Niederlanden ist schon fast vorbei. Den letzten Tag möchten Sie am Strand verbringen. Sie haben alles eingepackt: Ball, Handtuch, Sonnencreme und ein gutes Buch. Ihr Kind freut sich und baut Sandschlösser. Als es Ihnen nach einer Weile verdächtig ruhig vorkommt, schauen Sie von Ihrem Buch auf und stellen fest, dass Ihr Kind verschwunden ist. Natürlich machen Sie sich sofort auf die Suche, aber es ist unauffindbar. Am besten fragen Sie mal bei der Strandwache nach, denn das ist die Anlaufstelle für Probleme am Strand.

haar
Haar

zomersproeten
Sommersprossen

beschrijven
beschreiben

lengte
Größe

Hoe ziet uw kind eruit?
Wie sieht Ihr Kind aus?

Wenn Kinder spielen, gehen sie ganz darin auf und achten dabei nicht mehr auf ihre Umgebung. Am Strand sieht außerdem alles gleich aus und so kann es passieren, dass ein Kind nicht mehr zum richtigen Sonnenschirm zurückfindet. Wenn Sie ein Kind sehen, das nicht mehr zu den Eltern zurückfindet, bringen Sie es am besten zu der *Strandwache* **strandwacht** [sstrantwacht], die im Sommer immer besetzt ist. An diese wenden Sie sich auch jetzt:

[mäjn kint iss wech]
Mein Kind ist weg!

Um Ihr Kind finden zu können, sollten Sie es beschreiben.

[hu siit üüw kint eröjt məfrau]
Wie sieht Ihr Kind aus?

Sie wissen bereits, dass im Niederländischen aus Höflichkeit immer **mevrouw** [məfrau] *Frau* oder **meneer** [məneer] *Herr* zugefügt wird.
Das Wort *aus* heißt **uit** [öjt]. Sie kennen das wahrscheinlich schon von den Ausfahrtschildern an der Autobahn, wo auch ganz groß **uit** geschrieben steht. Hier steht jedoch **eruit** [eröjt], es wurde noch ein **er** [er] zugefügt.

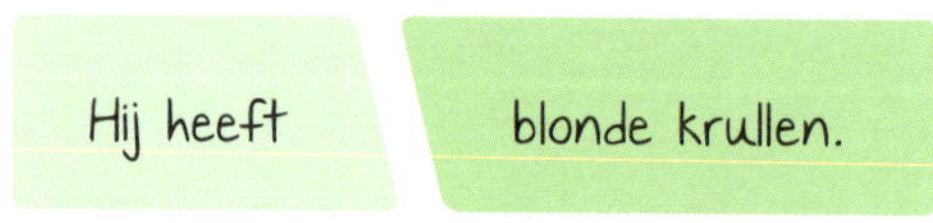

[häj heeft blondə krülə]
Er hat blonde Locken.

Die meisten Haarfarben heißen so wie die normalen Farben. So kann man **zwart** [swart] *schwarzes*, **rood** [root] *rotes*, **bruin** [bröjn] *braunes* oder **grijs** [chräjss] *graues* Haar haben. **Blond** [blont] *blond* sind lediglich Haare, aber das kennen Sie schon aus dem Deutschen.

Nicht alle Kinder haben **krullen** [krülə] *Locken*. Das Haar kann auch wie folgt aussehen:

lang haar [lang haar]	*langes Haar*
halflang haar [haləflang haar]	*halblanges Haar*
kort haar [kort haar]	*kurzes Haar*
steil haar [stäjl haar]	*glattes Haar*
paardenstaart [paardəstaart]	*Pferdeschwanz*
vlecht [flecht]	*Zopf*
kaal [kaal]	*kahl*

Und wenn nicht Ihr Kind, sondern Ihr Mann weggelaufen ist, bräuchten Sie vielleicht auch die Begriffe für Gesichtsbehaarung, wie **baard** [baart] *Bart* und **snor** [ssnor] *Schnurrbart*.

Jetzt sind Sie dran.

Umschreiben Sie das Haar Ihres Kindes. Bilden Sie einen korrekten Satz und übersetzen Sie die deutsche Vorgabe ins Niederländische:

1. schwarzes, langes Haar

2. braunes, glattes Haar

3. roter Pferdeschwanz

4. zwei blonde, lange Zöpfe

Lösung
1. Mijn kind heeft lang, zwart haar. **2.** Mijn kind heeft bruin, steil haar.
3. Mijn kind heeft een rode paardenstaart. **4.** Mijn kind heeft twee blonde lange vlechten.

Hoe groot | is uw kind?

[hu chroot iss üüw kint]
Wie groß ist Ihr Kind?

Hier hätte man statt **hoe groot** [hu chroot] *wie groß* auch fragen können, **hoe lang** [hu lang] *wie lang*.

Onze zoon | is ongeveer een meter groot | en heel slank.

[onsə soon iss onchəfeer een meetər chroot en heel sslank]
Unser Sohn ist ungefähr einen Meter groß und sehr schlank.

Zu der Beschreibung einer Person gehört nicht nur die **lengte** [lengtə] *Größe*, sondern auch die **postuur** [posstüür] *Statur*. Auch hier gibt es mehrere Möglichkeiten, die Sie in der folgenden Tabelle finden:

klein [kläjn]	*klein*
groot [chroot]	*groß*
dik [dik]	*dick*
dun [dün]	*dünn*
gespierd [chəsspiirt]	*muskulös*
stevig [ssteefəch]	*kräftig*

Jetzt sind Sie dran.

Füllen Sie die richtigen Wörter in den folgenden Lückentext ein. Wählen Sie aus den folgenden Wörtern: **kaal** | **groot** | **gespierd**

1. Mijn man is heel ______ . Hij is bijna 2 meter lang.

2. Hij fietst veel en heeft dus een ______ postuur.

3. Hij heeft geen haar meer, hij is ______ .

Lösung
1. groot
2. gespierd
3. kaal

Heeft uw zoon | bijzondere kenmerken?

[heeft üüw soon biisondərə kenmerkə]
Hat Ihr Sohn besondere Merkmale?

Sie sehen, dass das Wort **bijzonder** [biisondər] *besonders* mit einem **ij** geschrieben wird und Sie haben schon ganz am Anfang dieses Buches gelernt, dass man ein **ij** als [äj] ausspricht. Hier steht jedoch in der Lautschrift, dass Sie es mit einem ii aussprechen sollen. Das ist nur bei diesem Wort so und das macht das Wort **bijzonder** [biisondər] auch so besonders!

Hij heeft | sproeten | en draagt een bril.

[häj heeft ssprutə en draacht ən bril]
Er hat Sommersprossen und trägt eine Brille.

Zomersproeten [somərssprutə] *Sommersprossen* werden oft einfach nur **sproeten** [ssprute] genannt. Eine **bril** [bril] *Brille* kann man wie Kleidung **dragen** [drachə] *tragen*.

Welche Merkmale kann ein Mensch noch haben? Hier ist eine Liste mit einigen üblichen Merkmalen:

moedervlek [mudərflek] *Muttermal*
litteken [liteekə] *Narbe*
tatoeage [tatuaaschə] *Tattoo*
piercing [pirssing] *Piercing*
oorbel [oorbel] *Ohrring*

Schließlich können Sie natürlich noch beschreiben, welche Kleidung Ihr Kind trägt.

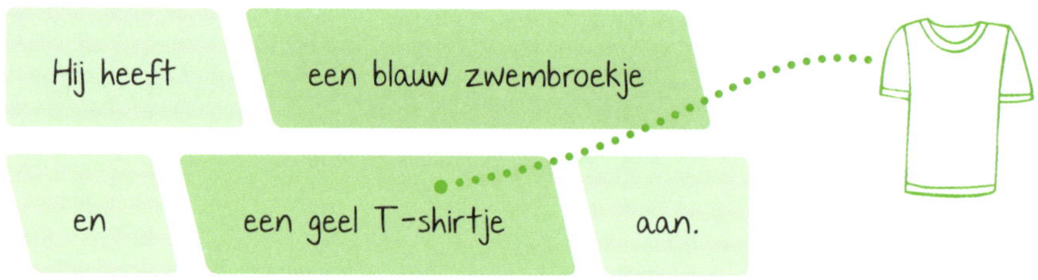

[häj heeft ən blau swembrukjə en ən cheel tiischərtjə aan]
Er hat eine blaue Schwimmhose und ein gelbes T-Shirt an.

Sie haben im Kapitel 12 gelernt, dass man Kleider **draagt** [draacht] *trägt*. Man kann aber auch wie im Deutschen sagen, dass man Kleider anhat. Der Satzbau ist auch gleich. Zuerst kommt die Person, dann eine Form des Verbs **hebben** [hebə] *haben* und dann schließen Sie den Satz mit **aan** [aan] *an* ab: **Ik heb een jurk aan.** [ik heb ən jörək aan] *Ich habe ein Kleid an.*
Alles, was mit kleineren Kindern zu tun hat, also auch die Kleidung, wird oft in der Verkleinerungsform verwendet. Hier sehen Sie das bei **zwembroekje** und **T-shirtje**.

Jetzt sind Sie dran.

Ihre Handtasche wurde Ihnen in der Fußgängerzone entwendet. Sie melden dies bei der Polizei. Die Polizei bittet Sie, den Dieb zu beschreiben. Beschreiben Sie mittels folgender Angaben und bilden Sie kurze Sätze, die anfangen mit **de man/de vrouw is/heeft..., hij/ze is/heeft...(aan)**

1. Mann, kahl, schwarzer Bart, Jeans, braune Jacke

2. Frau, rotes, kurzes Haar, weißes T-Shirt, sehr groß

3. Frau, Brille, kräftig, gelbe Stiefel, roter Pulli

Lösung

1. De man is kaal. Hij heeft een zwarte baard. Hij heeft een spijkerbroek en een bruine jas aan.
2. De vrouw heeft rood, kort haar. Ze heeft een wit T-shirt aan. Ze is heel lang.
3. De vrouw draagt een bril. Ze is stevig. Ze heeft gele laarzen en een rode trui aan.

We gaan onmiddellijk op zoek.

[wə chaan onmidələk op suk]
Wir werden uns sofort auf die Suche machen.

Hier steht wörtlich *wir gehen auf die Suche*. Mit dem **gaan** [chaan] *gehen* wird eine Zukunftsform verwendet. **Onmiddellijk** [onmidələk] kann man vom Deutschen *unmittelbar* ableiten. In der gesprochenen Sprache verwendet man im Deutschen jedoch eher *sofort*. Ein anderes niederländisches Wort für *sofort*, das Sie sicher auch sofort wiedererkennen ist **direct** [diirekt].

Die **strandwacht** [sstrantwacht] *Strandwache* oder auch **reddingsbrigade** [redingsbriichaadə] *Rettungsbrigade* rettet nicht nur Personen aus dem Wasser, sondern hilft natürlich auch bei der Suche nach Kindern, die sich verlaufen haben. Die meisten Kinder laufen mit der Sonne im Rücken. So hat man schon mal einen Hinweis, wo man suchen könnte. Außerdem haben die Strandwachen untereinander Kontakt.

Und tatsächlich wird Ihr Kind schon bald von einem achtsamen Strandbesucher zur Strandwache gebracht.

Is dit | uw kind?

[iss dit üüw kint]
Ist dies Ihr Kind?

Sie schließen Ihr Kind erleichtert in die Arme und bedanken sich bei der Strandwache. Nun können Sie den letzten Tag Ihres Urlaubs in den Niederlanden doch noch genießen. Vielleicht essen Sie nochmal **kibbelingen** [kibəlingə], bevor Sie zurückfahren. Diese köstlichen frittierten Kabeljauteilchen im Teigmantel sind eine echte Delikatesse und Sie können sie an jeder Fischbude, die Sie am Strand finden, kaufen. Hoffentlich blicken Sie auf einen schönen Urlaub zurück und besuchen Flandern oder die Niederlande bald wieder. Sie sprechen nun ja schon ganz gut Niederländisch!

Hartelijk bedankt | en tot ziens!

[hartələk bədankt en tot siinss]
Herzlichen Dank und auf Wiedersehen!

Jetzt sind Sie dran.

Hier sind wieder alle Wörter, die Sie in der Lektion neu kennengelernt haben. Viele Wörter können Sie sich leichter behalten, wenn Sie sich ein Bild dazu ausdenken. Vielleicht kennen Sie einen Kristian, der ganz viele Locken hat. Die ersten zwei Buchstaben seines Namens erinnern Sie dann an das Wort **krullen** [krülə], das auf Niederländisch *Locken* heißt. Indem Sie solche Verbindungen knüpfen, können Sie auch leichter Wörter in Ihrem Gedächtnis wiederfinden.

TR. 77

mijn kind is weg [mäjn kint iss wech]	*Mein Kind ist weg*
weg [wech]	*weg*
de strandwacht [də sstrantwacht]	*die Strandwache*
Hoe ziet uw kind eruit? [hu siit üüw kint eröjt]	*Wie sieht Ihr Kind aus?*
eruitzien [eröjtsiin]	*aussehen*
uit [öjt]	*aus*
beschrijven [bəss-chräjfə]	*beschreiben*
hij heeft blonde krullen [häj heeft blondə krülə]	*er hat blonde Locken*
blond [blont]	*blond*
de krul [də krül]	*die Locke*
lang haar [lang haar]	*langes Haar*
halflang haar [haləflang haar]	*halblanges Haar*
kort haar [kort haar]	*kurzes Haar*
steil haar [stäjl haar]	*glattes Haar*
de paardenstaart [də paardəsstaart]	*der Pferdeschwanz*
de vlecht [də flecht]	*der Zopf*
kaal [kaal]	*kahl*
de baard [də baart]	*der Bart*
de snor [də ssnor]	*der Schnurrbart*

TR. 78

ongeveer [onchəfeer]	*ungefähr*
de meter [də meetər]	*der Meter*
lang [lang]	*lang*
slank [sslank]	*schlank*
de lengte [də lengtə]	*die Länge*
het postuur [hət posstüür]	*die Statur*
dik [dik]	*dick*
dun [dün]	*dünn*
gespierd [chəsspiirt]	*muskulös*
stevig [ssteefəch]	*kräftig*

TR. 79

bijzonder [biisondər]	*besonders*
het kenmerk [hət kenmerək]	*das Merkmal*
de sproeten [də ssprutə]	*die Sommersprossen*
de zomersproeten [də soomərssprutə]	*die Sommersprossen*
de moedervlek [də mudərflek]	*das Muttermal*
het litteken [hət liteekə]	*die Narbe*
de tatoeage [də tatuaaschə]	*das Tattoo*
de piercing [də pirssing]	*der Piercing*
de oorbel [də oorbel]	*der Ohrring*

TR. 80

hij heeft een T-shirt aan [häj heeft ən tiischərt aan]	*er hat ein T-Shirt an*
aanhebben [aanhebə]	*anhaben*
We gaan op zoek. [wə chaan op suk]	*Wir werden uns auf die Suche machen.*
onmiddellijk [onmidələk]	*sofort*
direct [diirekt]	*sofort, direkt*
de reddingsbrigade [də redingssbriichaadə]	*die Rettungsbrigade*
de kibbeling [də kibəling]	*frittierte Kabeljauteilchen im Teigmantel*

Sie können nun Personen umschreiben und wissen, was Sie tun sollen, wenn Ihr Kind verschwunden ist:

TR. 81 

- ● Mijn kind is weg!
- ○ Hoe ziet uw kind eruit, mevrouw?
- ● Hij heeft blonde krullen.
- ○ Hoe groot is uw kind?
- ● Onze zoon is ongeveer een meter groot en heel slank.
- ○ Heeft uw zoon bijzondere kenmerken?
- ● Hij heeft sproeten en draagt een bril. Hij heeft een blauw zwembroekje en een geel T-shirtje aan.
- ○ We gaan onmiddellijk op zoek. (...) Is dit uw kind?
- ● Hartelijk bedankt en tot ziens!

Die folgenden Bausteine helfen Ihnen, Personen zu beschreiben.

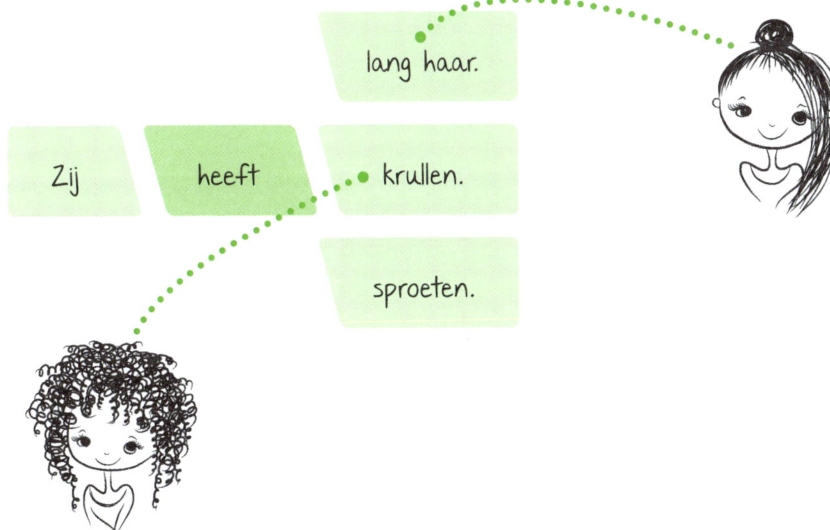

ANHANG

DIE UMSCHRIFT

niederländischer Laut	niederländisches Beispiel	Umschrift	Aussprachehinweis
[a]	**wat** *was* **naam** *Name*	[wat] [naam]	kurzes a wie in Lack langes a wie in Mahnmal
[aai]	**papapaai** *Papagei*	[papaachaai]	wie in Kai
[au]	**blauw** *Blau*	[blau]	wie in Blau
[b]	**bal** *Ball*	[bal]	wie in Ball
[c]	**camping** *Campingplatz* **citroen** *Zitrone*	[kemping] [ssiitrun]	wird vor a, o, u als k ausgesprochen, wie in Kanne wird vor e, i, ij, y als s ausgesprochen, wie in blass
[ch]	**lachen** *lachen*	[lachə]	wie in lachen
[d]	**dag** *Tag* **goed** *gut*	[dach] [chut]	wie in Dach im Auslaut gesprochen als t, wie in gut
[e]	**bed** *Bett* **zee** *Meer* **lopen** *gehen*	[bet] [see] [loopə]	kurzes e wie in Bett langes e wie in See unbetontes e wie in bereit
[eeuw]	**leeuw** *Löwe*	[leew]	langes e wird mit einem w abgerundet
[f]	**fiets** *Fahrrad*	[fiitss]	wie in Fahrrad

[g]	**goed** *gut*	[chut]	wie das ch in lachen, wird auch oft etwas kratzig hinten im Hals ausgesprochen
[h]	**hand** *Hand*	[hant]	wie in Hand
[i]	**kin** *Kinn* **tien** *Zehn* **gelukkig** *zum Glück*	[kin] [tiin] [chəlükəch]	kurzes i wie in Kinn langes i wie in Lied unbetontes i nur im Auslaut **-ig**, wie in bereit
[ij]	**hij** *er*	[häj]	dieser Laut wird wie eine Kombination aus ä und j ausgesprochen
	mijn *mein*	[mən]	oder unbetont wie in bereit
	vriendelijk *freundlich*	[friindələk]	immer unbetont im Auslaut **-lijk**, wie in bereit
[ieuw]	**nieuw** *neu*	[niiw]	langes i, das mit einem w abgerundet wird
[j]	**ja** *ja*	[jaa]	wie in ja
[k]	**kan** *kann*	[kan]	wie in kann
[l]	**lees** *lese*	[leess]	wie in lesen
[m]	**maand** *Monat*	[maant]	wie in Monat
[n]	**nee** *nein*	[nee]	wie in nein
[ng]	**lang** *lang*	[lang]	wie in lang

[nk]	**winkel** *Geschäft*	[winkəl]	wie in Winkel
[o]	**stop** *stopp* **zoon** *Sohn*	[sstop] [soon]	kurzes o wie in stop langes o wie in Sohn
[oe]	**goed** *gut*	[chut]	wie in gut
[oei]	**doei** *tschüss*	[dui]	wie in pfui
[ooi]	**mooi** *schön*	[mooi]	wie in Ahoi aber mit langem o
[ou]	**vrouw** *Frau*	[frau]	wie au in Frau
[p]	**post** *Post*	[post]	wie in Post
[r]	**rood** *rot*	[root]	wie in rot
[s]	**sla** *Salat*	[sslaa]	etwas kräftiger ausgesprochen wie in blass
[sch]	**schaap** *Schaf*	[ss-chaap]	das s wird verbunden mit dem ch, das wie in lachen ausgesprochen wird, auch oft etwas kratzig hinten im Hals
[t]	**telefoon** *Telefon*	[teeləfoon]	wie in Telefon
[tie]	**receptie** *Empfang*	[rəsepssii] [rəseptssii]	dieser Laut wird im Auslaut als si oder tsi ausgesprochen
[tion]	**station** *Bahnhof*	[sstassion]	dieser Laut wird im Auslaut als sion oder tsion mit einem kurzen o ausgesprochen

[u]	**rug** *Rücken* **uur** *Stunde*	[rüch] [üür]	kurzes ü wie in Rücken langes ü wie in prüfen
[ui]	**huis** *Haus*	[höjss]	dieser Laut wird wie eine Kombination aus ö und j ausgesprochen
[v]	**veel** *viel*	[feel]	wird wie das f in Fahrrad oder seltener wie das v in Variante ausgesprochen
[w]	**wind** *Wind*	[wint]	wie in Wind
[x]	**extra** *extra*	[ekstraa]	wird wie extra
[z]	**zoon** *Sohn*	[soon]	dieser Laut wird wie das Summen einer Biene ausgesprochen, wie in Sohn

NOTFALLWORTSCHATZ

WENN'S SCHNELL GEHEN SOLL

Damit Sie nicht ständig hin- und herblättern müssen, haben wir für Sie zu guter Letzt noch einen kleinen Notfallwortschatz erstellt, der thematisch sortiert ist. Aber sicherlich sind Sie mittlerweile so fit geworden, dass Sie nur noch selten nachschauen müssen!

Die wichtigsten Wörter

ja [jaa]	*ja*
nee [nee]	*nein*
dank je/u wel [dank jə/üü wel]	*Danke (du und Sie)*
alstublieft [alsstüübliift]	*Bitte*
nul [nül]	*null*
een [een]	*eins*
twee [twee]	*zwei*
drie [drii]	*drei*
vier [fiir]	*vier*
vijf [fäjf]	*fünf*
zes [sess]	*sechs*
zeven [seefə]	*sieben*
acht [acht]	*acht*
negen [neechə]	*neun*
tien [tiin]	*zehn*
elf [eləf]	*elf*
twaalf [twaaləf]	*zwölf*
dertien [dertiin]	*dreizehn*
veertien [feertiin]	*vierzehn*
vijftien [fäjftiin]	*fünfzehn*
zestien [sesstiin]	*sechzehn*
zeventien [seefətiin]	*siebzehn*
achttien [achtiin]	*achtzehn*

negentien [neechətiin] — *neunzehn*
twintig [twintəch] — *zwanzig*

Begrüßen und Kennenlernen

Hallo! [haloo] — *Hallo!*
Dag! [dach] — *Guten Tag!*
Hoi! [hoi] — *Hallo!*
Goedemorgen! [chudəmorchə] — *Guten Morgen!*
Goedenavond! [chudənaafənt] — *Guten Abend!*
Doei! [dui] — *Tschüss!*
Tot straks! [tot sstrakss] — *Bis gleich!*
Tot ziens! [tot siinss] — *Auf Wiedersehen!*
Hoe gaat het met je/u? [hu chaat hət met jə/üü] — *Wie geht es dir/Ihnen?*
Met mij gaat het goed. [met mäj chaat hət chut] — *Mir geht es gut.*
Mag ik me even voorstellen? [mach ik mə eefə foorsstelə] — *Darf ich mich kurz vorstellen?*
Hoe heet je/u? [hu heet jə/üü] — *Wie heißt du/heißen Sie?*
Ik heet ... [ik heet] — *Ich heiße...*
Wat is je/uw naam? [wat iss jə/üüw naam] — *Was ist dein/Ihr Name?*
Mijn naam is ... [mäjn naam iss] — *Mein Name ist...*
Leuk je te leren kennen. [lök jə tə leerə kenə] — *Schön, dich kennenzulernen.*
Waar kom je vandaan? [waar kom jə fandaan] — *Woher kommst du?*
Ik kom uit Duitsland. [ik kom öjt döjtsslant] — *Ich komme aus Deutschland.*
Nederland [needərlant] — *Niederlande*
Oostenrijk [oostəräjk] — *Österreich*
Zwitserland [switssərlant] — *Schweiz*

Sprachprobleme

Wat zeg je? [wat sech jə]	*Wie bitte?*
Ik begrijp je/u niet? [ik bəchräjp jə/üü niit]	*Ich verstehe dich/Sie nicht.*
Ik spreek maar een beetje Nederlands. [ik sspreek maar ən beetjə needərlants]	*Ich spreche nur ein bisschen Niederländisch.*

Die wichtigsten Orte

de camping [də kemping]	*der Camping*
het strand [hət sstrant]	*der Strand*
de markt [də markt]	*der Markt*
de supermarkt [də ssüüpərmarkt]	*der Supermarkt*
het restaurant [hət resstaurant]	*das Restaurant*
de VVV [də feefeefee]	*die Touristeninformation (NL)*
de toeristeninformatie [də turisstəinformaatssii]	*die Touristeninformation (B)*
het station [hət sstassion]	*der Bahnhof*
het museum [hət müüseeüm]	*das Museum*
de dierentuin [də diirətöjn]	*der Tiergarten, der Zoo*
de winkel [də winkəl]	*das Geschäft*
het hotel [hət hootel]	*das Hotel*
het vakantiehuisje [hət fakanssiihöjsschə]	*das Ferienhaus*
het ziekenhuis [hət siikəhöjss]	*das Krankenhaus*
de strandwacht [də sstrantwacht]	*die Strandwache*

Wochentage und Monate

maandag [maandach] *Montag*
dinsdag [dinssdach] *Dienstag*
woensdag [wunssdach] *Mittwoch*
donderdag [dondərdach] *Donnerstag*
vrijdag [fräjdach] *Freitag*
zaterdag [saatərdach] *Samstag*
zondag [sondach] *Sonntag*
het weekend [hət wiikent] *das Wochenende*
januari [janüüaarii] *Januar*
februari [feebrüüaarii] *Februar*
maart [maart] *März*
april [aapril] *April*
mei [mäj] *Mai*
juni [jüünii] *Juni*
juli [jüülii] *Juli*
augustus [auchüstüss] *August*
september [sseptembər] *September*
oktober [oktoobər] *Oktober*
november [noofembər] *November*
december [deesembər] *Dezember*

Die Uhrzeit

Hoe laat is het? [hu laat iss hət] *Wie viel Uhr ist es?*
Het is twaalf uur. [hət iss twaaləf üür] *Es ist zwölf Uhr.*
Het is kwart over twaalf. [hət iss kwart oofər twaaləf] *Es ist Viertel nach zwölf.*
Het is half twaalf. [hət iss haləf twaaləf] *Es ist halb zwölf.*
Het is kwart voor twaalf. [hət iss kwart foor twaaləf] *Es ist Viertel vor zwölf.*
Het is zeven uur 's morgens. [hət iss seefə üür ssmorgəns] *Es ist sieben Uhr morgens (7 Uhr).*

Het is zeven uur 's avonds. [hət iss seefə üür ssaafənts]	*Es ist sieben Uhr abends (19 Uhr).*
Het is vier uur 's nachts. [hət iss fiir üür ssnachtss]	*Es ist vier Uhr nachts (4 Uhr).*
Het is vier uur 's middags. [hət iss fiir üür ssmidachss]	*Es ist vier Uhr nachmittags (16 Uhr).*

Einkaufen

Wat mag het zijn? [wat mach hət säjn]	*Was darf es sein?*
Ik wil graag ... [ik wil chraach]	*Ich möchte bitte ...*
Anders nog iets? [andərss noch iitss]	*Sonst noch etwas?*
Hebt u ...? [hebt üü]	*Haben Sie ...?*
Hoeveel kost het? [hufeel kosst hət]	*Wie viel kostet das?*
Het kost ... [hət kosst]	*Das macht ...*

Obst

de appel [də appel]	*der Apfel*
de banaan [də banaan]	*die Banane*
de peer [də peer]	*die Birne*
de sinaasappel [də ssiinaasapəl]	*die Orange*
de aardbei [də aartbäj]	*die Erdbeere*
de druif [də dröjf]	*die Traube*
de mandarijn [də mandaaräjn]	*die Mandarine*
de citroen [də ssiitrun]	*die Zitrone*
de kers [də kerss]	*die Kirsche*

Gemüse

de bloemkool [də blumkool]	*der Blumenkohl*
de sla [də sslaa]	*der Salat*
de wortel [də wortəl]	*die Karotte*
de prei [də präj]	*der Lauch*

de bonen [də boonə] *die Bohnen*
de tomaat [də toomaat] *die Tomate*
de aardappel [də aardapəl] *die Kartoffel*
de ui [də öj] *die Zwiebel*
de komkommer [də komkomər] *die Salatgurke*

Lebensmittel

het brood [hət broot] *das Brot*
de worst [də worsst] *die Wurst*
de ham [də ham] *der Schinken*
het gehakt [hət chəhakt] *das Hackfleisch*
de kip [də kip] *das Hähnchen*
de boter [də bootər] *die Butter*
de olie [də olii] *das Öl*
de kaas [də kaass] *der Käse*
de suiker [də ssöjkər] *der Zucker*
de bloem [də blum] *das Mehl*
het ei [hət äj] *das Ei*
de jam [də schem] *die Marmelade*
de honing [də hooning] *der Honig*

Im Café oder Restaurant

Mag ik de menukaart? [mach ik də mənüükaart] *Darf ich die Speisekarte haben?*
Wat wilt u eten/drinken? [wat wilt üü eetə/drinkə] *Was möchten Sie essen/trinken?*
Ik neem een kopje koffie. [ik neem ən kopjə koffii] *Ich nehme eine Tasse Kaffee.*
Een wafel alstublieft. [ən waafəl alsstüübliift] *Eine Waffel bitte.*
Kunnen we afrekenen? [künə wə afreekənə] *Wir möchten bezahlen.*
Eet smakelijk! [eet ssmaakələk] *Guten Appetit!*

Getränke

een kopje koffie [ən kopjə kofii] *eine Tasse Kaffee*
de thee [də tee] *der Tee*
de melk [də melək] *die Milch*
de chocolademelk [də schookooladəmelək] *die Schokoladenmilch*
de karnemelk [də karnəmelək] *die Buttermilch*
het water [hət waatər] *das Wasser*
het sap [hət ssap] *der Saft*
de frisdrank [də frissdrank] *das Erfrischungsgetränk*
het bier [hət biir] *das Bier*
de wijn [də wäin] *der Wein*

Essen

belegd broodje [bəlecht brootjə] *belegtes Brötchen*
de tosti [də tosstii] *der Toast*
de uitsmijter [də öjtssmäjtər] *der stramme Max*
de soep [də sup] *die Suppe*
de salade [də ssaalaadə] *der Salat*
de patat [də patat] *die Pommes*
de friet [də friit] *die Pommes*
de bitterbal [də bittərbal] *frittiertes Ragoutbällchen*
het appelgebak [hət apəlchəbak] *ein Stück Apfelkuchen*
de wafel [də waafəl] *die Waffel*
de pannenkoek [də panəkuk] *der Pfannkuchen*
de poffertjes [də pofərtjəss] *kleine Pfannkuchen*

Wegbeschreibung

Bent u hier bekend? [bent üü hiir bəkent]	*Kennen Sie sich hier aus?*
Kunt u me zeggen waar .... is? [künt üü mə sechə waar ... iss]	*Können Sie mir sagen, wo ... ist?*
Ga rechtdoor. [chaa rechtdoor]	*Gehe geradeaus.*
Sla rechts/links af. [sslaa rechts/links af]	*Biege rechts/links ab.*
tot het stoplicht [tot hət sstoplicht]	*bis zur Ampel*
tegenover [teechənoofər]	*gegenüber*
naast [naasst]	*neben*
voor [foor]	*vor*
op de hoek [op də huk]	*an der Ecke*
aan het eind van de straat [aan hət äjnt fan də sstraat]	*am Ende der Straße*
over de brug [oofər də brüch]	*über die Brücke*
het zebrapad [hət sseebraapat]	*der Zebrastreifen*
het fietspad [hət fiitsspat]	*der Radweg*
de stoep [də sstup]	*der Bürgersteig*
de rotonde [də rootondə]	*der Kreisel*
de kruising [də kröjssing]	*die Kreuzung*
de bocht [də bocht]	*die Kurve*

Im Krankheitsfall

Waar heeft u pijn? [waar heeft üü päjn]	*Wo haben Sie Schmerzen?*
Mijn pols doet pijn. [mən polss dut päjn]	*Mein Handgelenk tut weh.*
Mijn knie doet zeer. [mən knii dut seer]	*Mein Knie tut weh.*
Ik heb kiespijn. [ik heb kiisspäjn]	*Ich habe Zahnschmerzen.*
Ik ben misselijk. [ik ben missələk]	*Mir ist übel.*
Ik ben duizelig. [ik ben döjsələch]	*Mir ist schwindlig.*
Ik heb koorts. [ik heb koortss]	*Ich habe Fieber.*
Ik heb uitslag. [ik heb öjtsslach]	*Ich habe Ausschlag.*
de dokter [də doktər]	*der Arzt/die Ärztin*
de tandarts [də tandartss]	*der Zahnarzt/die Zahnärztin*

Körperteile

de voet [də fut]	*der Fuß*
het been [hət been]	*das Bein*
de buik [də böjk]	*der Bauch*
de rug [də rüch]	*der Rücken*
de arm [də arəm]	*der Arm*
de hand [də hant]	*die Hand*
het hoofd [hət hooft]	*der Kopf*
het oog [hət ooch]	*das Auge*
het oor [hət oor]	*das Ohr*
de neus [də nöss]	*die Nase*

Kleidung kaufen

Waar zijn de paskamers? [waar säjn də passkaamərss]	*Wo sind die Anprobekabinen?*
Welke maat heeft u? [welkə maat heeft üü]	*Welche Größe haben Sie?*
Ik heb maat … [ik heb maat]	*Ich habe Größe …*
Hij is te… [Häj iss tə…]	*Er/Sie/Es ist zu …*
groot [chroot]	*groß*
klein [kläjn]	*klein*
wijd [wäjt]	*weit*
strak [sstrak]	*eng*
de rok [də rok]	*der Rock*
de jurk [də jürək]	*das Kleid*
het T-shirt [hət tiischərt]	*das T-Shirt*
de trui [də tröj]	*der Pullover*
de blouse [də bluss]	*die Bluse*
het vest [hət fesst]	*die Weste*
de schoenen [də ss-chunə]	*die Schuhe*
de sokken [də ssokə]	*die Socken*

de jas [də jass]	*die Jacke*
de broek [də bruk]	*die Hose*
de spijkerbroek [də sspäjkərbruk]	*die Jeans*

Farben

rood [root]	*rot*
oranje [ooranjə]	*orange*
geel [cheel]	*gelb*
groen [chrun]	*grün*
blauw [blau]	*blau*
paars [paarss]	*lila*
zwart [swart]	*schwarz*
wit [wit]	*weiß*

Ferienwohnung/Hotel

de slaapkamer [də sslaapkaamər]	*das Schlafzimmer*
de woonkamer [də woonkaamər]	*das Wohnzimmer*
de keuken [də kökə]	*die Küche*
de badkamer [də batkaamər]	*das Badezimmer*
de gang [də chang]	*der Flur*
het eenpersoonsbed [hət eenperssoonssbet]	*das Einzelbett*
het tweepersoonsbed [hət tweeperssoonssbet]	*das Doppelbett*
de bank [də bank]	*die Couch*
de stoel [də sstul]	*der Stuhl*
de tafel [də taafəl]	*der Tisch*
de lamp [də lamp]	*die Lampe*
de kast [də kasst]	*der Schrank*
de douche [də dusch]	*die Dusche*
het bad [hət bat]	*die Badewanne*
de wastafel [də wasstaafəl]	*das Waschbecken*

de koelkast [də kulkasst]	*der Kühlschrank*
de waterkoker [də waatərkookər]	*der Wasserkocher*
de vaatwasmachine [də faatwassmaschiinə]	*die Spülmaschine*
de oven [də oofə]	*der Ofen*
het koffiezetapparaat [hət kofiisetapaaraat]	*die Kaffeemaschine*
de magnetron [də machnətron]	*die Mikrowelle*

Personen beschreiben

Hoe ziet hij/zij eruit? [hu siit häj/säj eröjt]	*Wie sieht er/sie aus?*
Hij/zij heeft blond haar. [häj/säj heeft blont haar]	*Er/Sie hat blondes Haar.*
lang haar [lang haar]	*langes Haar*
kort haar [kort haar]	*kurzes Haar*
de krullen [krülə]	*die Locken*
de baard [də baart]	*der Bart*
de snor [də ssnor]	*der Schnurrbart*
Hij/zij is klein. [häj/säj iss kläjn]	*Er/Sie ist klein.*
groot [chroot]	*groß*
dik [dik]	*dick*
dun [dün]	*dünn*
gespierd [chəsspiirt]	*muskulös*
stevig [ssteefəch]	*kräftig*
de sproeten [də ssprutə]	*die Sommersprossen*
de moedervlek [də mudərflek]	*das Muttermal*
het litteken [hət liteekə]	*die Narbe*
de tatoeage [de taatuaschə]	*das Tattoo*
Hij/zij heeft een blauwe broek aan. [häj/säj heeft ən blauə bruk aan]	*Er/Sie hat eine blaue Hose an.*
Hij/zij draagt een bril. [häj/säj draacht ən bril]	*Er/Sie trägt eine Brille.*

Bildnachweis

7 Shutterstock (Veronika Rumko), New York; **34, 49** Shutterstock (MSSA), New York; **1, 50, 54** Shutterstock (DiViArt), New York; **1, 64** Shutterstock (mhatzapa), New York; **93, 108** Shutterstock (frozenbunn), New York; **94, 106** Shutterstock (Kwok Design), New York; **137, 150** Getty Images (Fafarumba), München; **124, 136** Shutterstock (AuraArt), New York; **7** Shutterstock (Sashatigar), New York; **7** Shutterstock (Cinematographer), New York; **U1** Shutterstock (mhatzapa), New York; **U1** Shutterstock (Natalie MAY), New York; **182, 189** Shutterstock (Margarita Steshnikova), New York; **U1** Shutterstock (iconim), New York; **7** Shutterstock (artnLera), New York; **20** Shutterstock (smilewithjul), New York; **21** Shutterstock (almgren), New York; **21** Shutterstock (Kamieshkova), New York; **28** Shutterstock (Yuyula), New York; **33** Shutterstock (Costertoast), New York; **34** Shutterstock (Aeronautics), New York; **35** Shutterstock (Epine), New York; **50** Shutterstock (Ohn Mar), New York; **50** Shutterstock (Thomas Dekiere), New York; **58** Shutterstock (LHF Graphics), New York; **65** Shutterstock (olllikeballoon), New York; **65** Shutterstock (Ingus Kruklitis), New York; **65** Shutterstock (mhatzapa), New York; **78** Shutterstock (SchottiU), New York; **79** Shutterstock (jejim), New York; **92** Shutterstock (Daniela Barreto), New York; **93** Shutterstock (Martyn Jandula), New York; **93** Shutterstock (puruan), New York; **98** Shutterstock (wenchiawang), New York; **107** Getty Images (RobsonPL), München; **107** Shutterstock (Viktoriia_P), New York; **122** Shutterstock (Yuyula), New York; **123** Shutterstock (JosepPerianes), New York; **123** Shutterstock (Naumova Ekaterina), New York; **137** Shutterstock (Alexander Tolstykh), New York; **150** Shutterstock (handini_atmodiwiryo), New York; **151** Shutterstock (multiart), New York; **164** Shutterstock (insemar.vector.art), New York; **165** Shutterstock (marssanya), New York; **165** Shutterstock (Nataliia Sokolovska), New York; **177** Shutterstock (Anna in Sweden), New York; **177** Shutterstock (Valeriya_Dor), New York